就職試験突破シリーズ

これだけわかれば社会人！

就職◆時事用語Q&A

就職試験研究会 編著

実際の面接試験を想定！
重要な最新時事用語を、
面接官と学生の会話形式で解説

竹内書店新社

●はじめに●

情報をどれだけ知っているか、それが重要なのではない。

重要なのは、与えられた情報を咀しゃくし、そこから自分なりの考えを得、情報渦巻く現代社会を生き抜くためにどう活用するのか。

この出口のみえない不況下、従来の価値観・マニュアルが通用しなくなってきている。すでに、お仕着せの知識で武装した通り一遍の人材など求められてはいない。就職試験もまた然り。

以上のコンセプトに基づき、本書は企画・編集された。

一見なんの脈絡もなく、突然に現れてはまた消えていく無数のニュースたち。しかし、それらをつなぎ合わせれば、それらニュースの生まれるべき必然性と、ぜい肉をそぎ落とした時代の本質がみえてくる。いたずらに流されることなく、それを読み取って欲しい。

就職試験研究会

◆もくじ◆

第3章 外交・防衛

第4章 国際情勢

◆◆◆第5章◆◆◆ 環境問題

◆◆◆第6章◆◆◆ 社会問題

第1章

国内政治

小渕第２次改造内閣　写真提供：PANA通信社

小渕第二次改造内閣

九八年七月の第一次内閣誕生当時から自民・自由・公明党連立を模索、公明党の閣外協力により、数の力で日米新ガイドラインなどの重要法案を成立させる。そして九九年一〇月の内閣改造で、三党連立による巨大政権が誕生。過去最大の赤字国債発行による思い切った景気対策などに、一部では強い批判の声も出ている。

Q 九八年七月の自民党総裁戦で小渕内閣誕生が決定したとき、「冷めたピザのように生気に欠ける」と米各紙に酷評されていたことを覚えていますか？

A 当時の世論調査では、小渕氏は同じ立候補者の梶山静六氏や小泉純一郎氏に大きく引き離されて、もっとも人気の低い人で、その表れだったと記憶しています。

Q その低人気でスタートした小渕内閣が、一年後、九九年七月の日本世論調査で支持率五七・二％という高い数字を記録していますが、それをどう分析しますか？

A やはり、九九年一〜三月期のＧＤＰ（国内総生産）が一年半ぶりにプラスに転じたことが大きいと思います。

このときは、堺屋太一経済企画庁長官も驚いた、年換算七・九％増というバブル期並みの成長だったと思います。

この景気の足音が、支持率上昇につながったと思います。

Q

しかし、その景気回復のための予算編成の結果、九九年度の国債発行総額は三八兆六一六〇億円、国債依存度が四三・四％と膨らみ、問題とされていますね。

それについて小渕首相が「世界一の『借金王』になってしまった」と、冗談ごとであるかのようにいっていましたが、それについてどう思いますか？

A

まったく笑っている場合ではないと思います。現在の日本は先進国中でも類を見ない、最悪の財政赤字を抱える国になったのですから。

Q

財政赤字については、小渕内閣以前からこの国の問題となっていますよね。

それについて橋本龍太郎前首相が、財政構造改革路線を打ち出していましたが、知っていますか？

A

最終的な目標は、毎年当たり前のように発行されている赤字国債を、二〇〇三年までに発行ゼロにするというものです。

この財政構造改革路線は、近い将来破たんする、とまでいわれた日本の財政を立て直すために、必至だとされていました。

Q **現在、その財政構造改革路線がどこまで推進されていると知っていますか？**

A 先ほど、九九年度に発行された多額の赤字国債のお話をしたとおり、橋本内閣退陣とともに今は完全に凍結されています。

足元の景気対策に翻弄され、将来をにらんだ政策がまったくできていない、といわざるを得ません。

Q **手厳しい意見ですね。政府も九九年度のGDPの成長率〇・六％増を公約しているから必死なのでしょう。**

ところで、もちろん自自公連立という言葉は知っていますね？

A 自民党、自由党、公明党、三党の政策協力のことです。

小渕内閣が誕生したときからこの連立は模索されていましたが、九九年一〇月にスタートした小渕第二次改造内閣で、ついに衆議院で七割強の議席を、参議院でも六割近くを占める三党連立政権、与党が誕生しました。

Q **そうですね。衆議院では定数五〇〇議席中三五七、参議院でも二五二議席中一四一と、戦後政治史上最大級の「巨大与党」となっていますね。**

しかしこの自自公連立小渕内閣は、二〇〇〇年一月の調査で、支持率が三〇％まで落ち込んでいます。どう思いますか？

A 正式に三党の連立与党がスタートする以前

の通常国会でも、重要法案、例えばガイドライン（ガイドラ イン）や盗聴法、日の丸・君が代法などを、数の論理でごり押しして成立させた、という印象を国民が強くもったからだと思います。

とくに、自由党はともかく公明党は、つねづね平和主義を掲げていた政党です。これまでの姿勢を貫くならば、どの法案にも反対しておかしくなかったはずです。私個人も首をかしげる思いをしました。

Q **そういえば小渕首相は、臨時国会の所信表明演説で「政策を共有できる政党が互いに切磋琢磨し、より良い政策を練り上げ相協力して実行に移すことが国民、国家のためだ」と超巨大政権を自信たっぷりにアピールしていましたね。**

先ほどの法案以外にも、九九年度第二次補正予算や中小企業支援二法、原子力防災対策二法など、九九年臨時国会の政府提出法案はすべて成立させています。

こうした長引く不況の中、安定した政権という意味では、よいのではないですか？

A しかしまったく火種がないとは思えません。本来ならば、臨時国会冒頭で衆院比例定数二〇削減を決めるはずだったのに、公明党の顔色をうかがった自民党は先送りしています。

約束違反を怒った自由党は、結局は元の鞘に収まっていますが連立離脱をいいだしていました。

Q **そうですね、こうしたいざこざが起こるたびに、自由党の小沢一郎党首が連立離脱を口にしていますね。**

また、二〇〇〇年の通常国会は、異常な状態での幕開けとなりました。民主、共産、社民の野党三党が国会審議を拒否。野党欠席のままで二週間も貴重な国会が浪費されてしまいましたが……?

A 国会空転を招いた原因は、通常国会がはじまるとすぐ、自自公与党三党が衆院特別委員会で、衆院比例定数削減法の強行採決に踏み切ったからです。それに野党が反発し、小渕恵三首相の施政方針演説や、それに対する野党の代表質問もボイコットするという憲政史上まれにみる状態になってしまいました。

今の日本は長引く不況に加え、介護保険の財源問題など問題が山積みです。今の連立政権がこの局面を乗り越えることができるか、私たち国民一人ひとりが強い関心をもつことが重要だと思います。

最新トピックス

「買ってはいけない」ブーム

最近の出版界のトピックといえば、『週刊金曜日』別冊ブックレット　買ってはいけない」(金曜日)を巡っての騒動だろう。この本は、パンやビールなどの有名商品を挙げ、安全性などの面から批判したもので、二〇〇万部を突破しようかというほど売れた。面白かったのはこの後、続々と「買ってはいけない」に真っ向から異を唱える本や雑誌が続々と出たこと。「『買ってはいけない』は買ってはいけない」(夏目書房)や「『買ってはいけない』は嘘である」(文芸春秋)が刊行され、いずれもヒット。週刊朝日や週刊文春などにも、反論の記事が載った。

本をヒットさせるために、十分な検証もせずに、消費者の不安感をあおったのか。利潤追求のためなら、消費者の犠牲をもいとわない企業社会への警鐘なのか……。買うも、買わずもご自由に。

中央省庁改革

二〇〇一年一月六日から、中央省庁が現行の一府二二省庁から一府一二省庁へ再編される。いわゆる住専問題に端を発した「大蔵省解体」が「行政改革」に発展、今回の中央省庁改革に至った。最大の焦点は、大蔵省改め「財務省」と新設「金融庁」で、財政と金融を完全に分離する、というもの。しかし、さまざまな経緯を経た結論は「金融破たん処理」と「金融危機管理の企画立案」の金融政策に限っては、本来財政のみを行うはずの財務省に残す、という何とも煮え切らないものになった。

Q 二〇〇一年一月六日に、中央省庁が現行の一府二二省庁から一府一二省庁へと再編されます。九九年一二月、中央省庁改革施行法案に、その旨が明記されました。

何がその契機となったと思いますか？

A 省庁再編の契機となったのは、九五年の住宅金融専門会社の不良債権問題、いわゆる住専問題だと思います。

Q すると、住専問題から二〇〇一年一月六日

の省庁再編が実現するまでに、足掛け六年もかかることになりますよね。その経緯を簡単に説明できますか？

A 住専の破たんには、その設立に関係した銀行や農協の責任が大きいものでした。ですから、その破たん処理にも銀行、農協が金銭的な負担など大きな役割を担うべきだ、と国民は考えていました。

しかし、大蔵省はそのへんをあいまいにして「銀行、農協保護」の色が濃い処理をしてしまいました。その批判として、国民の間から「大蔵省解体」という声が上がってきたと思います。

この大蔵省改革論が発展して、行政機構全体を見直す「行政改革」になっていきます。当時の橋本龍太郎首相は、この行革を最重要課題に掲げ、その目玉として作った法律が九八年六月に成立の中央省庁等改革基本法だったのです。

Q **中央省庁等改革基本法は九八年六月に成立しているのですね。同（中央省庁等改革）施行法に、中央省庁の二〇〇一年一月六日再編が明記されたのは、九九年一二月のこと。ずいぶんと間があいていますが？**

A まず、再編中央省庁のスタート時期の決定が紆余曲折を経ています。

基本法が成立した当時、橋本首相は「二〇〇一年一括スタート」を明言していました。ところが、行革推進の中心だった橋本首相が九八年夏に退陣。あとを継いだ小渕恵三首相を長とする「中央省庁等改革推進本部」は、新体制への移行は二〇〇一年一月にこだわらず、二段階で実施する方針を決めました。

具体的には、複数の省庁が統合してできる国土交通省などを、二〇〇一年七月一日に先送りし、橋本前首相が強調していた一月一日には、全体を統括する内閣府や、名称・内容がほとんど変わらない省庁だけをスタートさせるという案でした。

しかし「行政改革の逆行」という批判が起こり、再々修正。現在の二〇〇一年の一括スタートとなった経緯がありました。

Q **話は戻りますが、中央省庁等改革基本法は、大蔵省解体論を起源としているということですね。**
中央省庁等改革基本法の骨子は、大蔵省の解体以外にもなにかありますか?

A 政府の中枢組織として、各省庁の上に位置する内閣府の新設や、郵政三事業の国営新公社化、さらに行政のスリム化のために「独立行政法人」の導入、国家公務員数も一〇年間で二五%削減することなどがあります。

Q **最大の焦点、大蔵省解体はスムーズになされそうですか?**

A いいえ。すでに中央省庁等改革基本法で、大蔵省を財務省と改称する、と明記されています。にも関わらず、大蔵省の官僚たちがそれに反発していました。

省名存続を願う同省は、有力OBを中心にした各方面への根回しに奔走したと聞いています。その結果、九八年暮れには首相が検討を依頼していた後藤田正晴元副総理を座長とする「有識者懇談会」は、旧名称の存続を答申してしまいました。

Q 法律に明記されているのに、その逆方向に進もうとしたわけですね。官僚や政治家たちの常識と、われわれ一般人の常識がかなり違うことを感じさせますね。財務省、よい名称だと思いますがね。結果、どうなりましたか？

A 小渕首相は、大蔵省解体への逆行と受け取られることを懸念したことや、「財務省」の発案者である橋本前首相の猛反発もあって、結局は財務省へと落ち着きました。

Q 名称は財務省に変わるわけですが、具体的に大蔵省の解体とはどういうものなのですか？

A それが、問題となっています。住専問題だけではなく、過去にはさまざまな金融行政の過ちがあったのは周知の事実です。
それへの反省から、財政と金融を完全に分離し、新設の金融庁に金融行政を一元化することが大蔵省解体の骨子でした。

Q でした…過去形ですね。財政と金融の完全分離に何か問題でも？
財政と金融の完全分離案は、たしか九八年秋には自民、民主、平和・改革（現公明党・改革クラブ）の三会派で、合意に達していますよね？

A 自民党は、金融破たん処理については財務省と金融庁の共管とすることにこだわり、この合意を反故にしてしまいました。

結局、九九年七月成立の中央省庁等改革関連法では、「金融破たん処理」と「金融危機管理の企画立案」に限って財務省に残し、金融庁との共管とすることになりました。

Q **相変わらずの不透明な政治ですね。ところで、財務省以外にはどんな省庁ができますか？**

A 文部省と科学技術庁が統合する「文部科学省」。厚生省と労働省で「厚生労働省」。総務庁と自治省、郵政省で「総務省」。運輸省と国土庁、北海道開発庁、建設省で「国土交通省」などが目新しいところです。

2001年1月6日から実施される 新中央省庁編成案

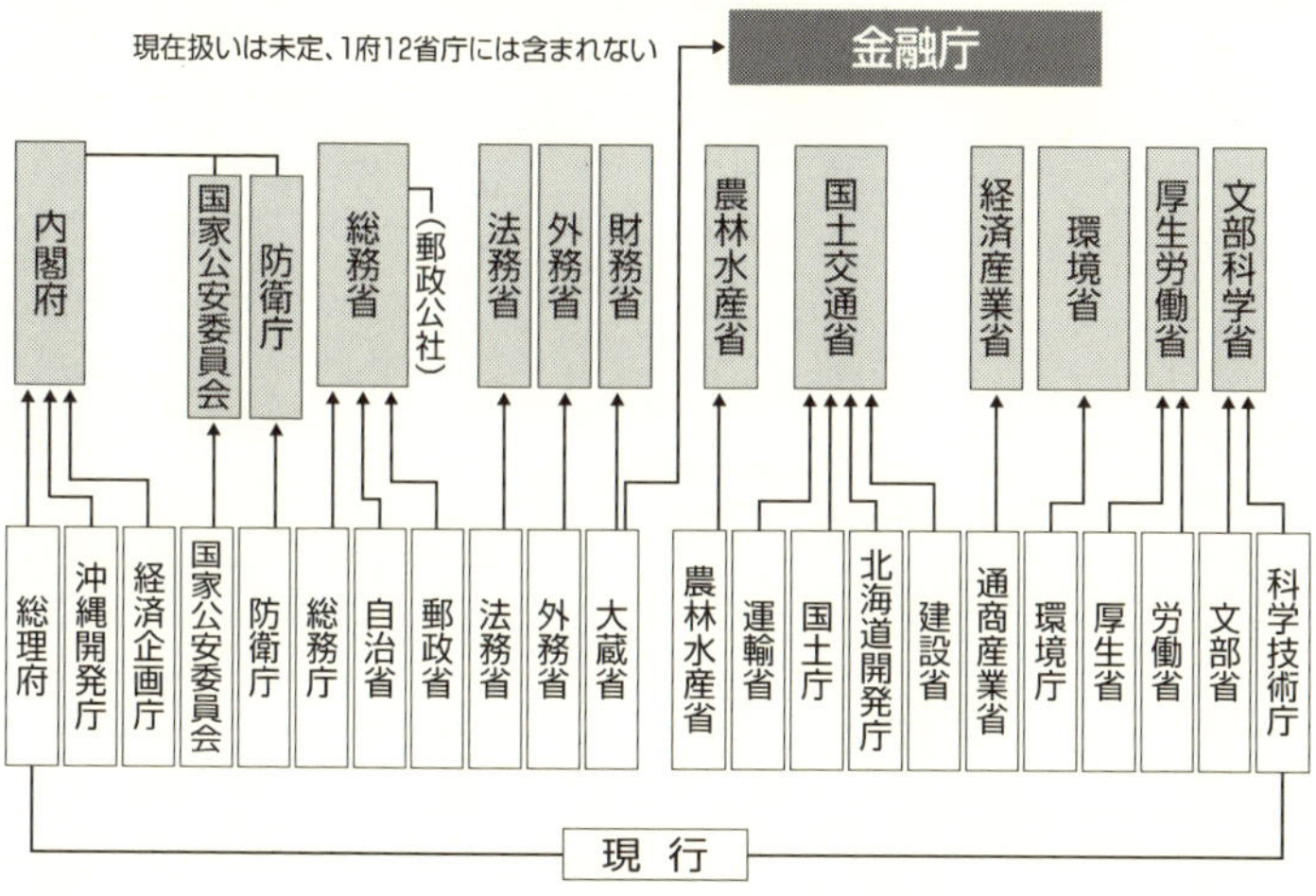

介護保険法

二〇〇〇年四月から、介護保険制度がはじまる。四〇歳以上の人すべてに保険への加入を義務づけ、痴呆や寝たきりの高齢者を、個々の家庭ではなく社会全体でケアしようというものだ。高齢化・少子化社会が進み行く日本にとって、避けられない道であるが、制度を運営する市町村の財源問題や、介護を受けられる高齢者を選択する「要介護認定」など、今後に多く問題を残している。

Q

二〇〇〇年四月には、介護保険制度がはじまります。来世紀の超高齢化社会を支える重要なシステムですが、九九年秋の臨時国会では、自自公連立政権のきしみの原因となりましたが、どう思いますか？

A

介護保険の理念はともかく、実際の制度そのものは、問題の多いものですので、国会の活発な論議は望むところです。しかし、あれほどあからさまな与党による選挙対策という感じだと、あきれて開いた口がふさがりません。

Q

与党である自自公の申し入れで、六五歳以

上の人の保険料を半年間止めて、その後一年間を半額にした件のことですよね？

A この保険料が第二の消費税となって、選挙に悪影響を与えることを恐れているのがみえみえです。二〇〇〇年は衆議院選挙の年ですので、国民に迎合するため、先送りしたのでしょう。財源は、赤字国債で補うようですから、将来的なビジョンに基づいているとは、とても思えません。

Q **介護保険法が成立したのは九七年一二月。進みゆく高齢化社会対策として、痴呆や寝たきりの高齢者を、個々の家庭ではなく社会全体でケアしようというのが、そのコンセプトでした。では、具体的にこの保険の制度を説明してください。**

A 四〇歳以上の人はすべて保険への加入が義務づけられ、月額三〇〇〇円程度の保険料が徴収されます。その代わり、介護が必要になったときは、利用料を一割負担するだけで、特別養護老人ホームへの入所など施設介護サービスや、ホームヘルパーなどの在宅介護が受けられます。

Q **加入義務づけということは、保険料を払いさえすれば、すべてのひとが受けたいときに受けたいサービスに浴することができるのですか？**

A 違います。これが、まず介護保険の問題のひとつといえるでしょう。サービスが必要なときは、市町村に要介護認定を申請しなければなりません。

すると、訪問調査員が派遣され、被保険人の状態を調査します。あとは、専門家による介護認定審査会によって、介護の必要の有無とその中身が決定されるのです。

Q **つまり、ここで認定がなされなければ、本人が介護を受けたいと望んでも、保険が下りないわけですか……。当然、保険ですから一〇〇%のリターンがあるはずもないでしょうが、認定の判断はしっかりと下してもらいたいものですね。**

A ところが、それが心もとないので心配なのです。要介護認定の調査に、それほど時間をかけられるわけもありません。日々、症状が変わりがちな高齢者の認定を、短期間でしたりすれば、ホントにサービスが必要な人を、見逃す可能性が少なくないのです。

Q **そのほかにも問題はありますか?**

A この制度を運営するのは市町村なのですが、当然ながらこの財政状態にはばらつきがあります。すると、豊かな自治体とそうでないところとで、サービスや保険料に差が出てくる可能性があるのです。同じ症状なのに、自治体によって介護内容が違ってきては、公平という点で大いに問題があります。

Q **この介護保険については、ところどころで自民党の亀井静香政調会長が発言して、それが物議を醸し出していましたよね?**

A 自自公の与党合意では、家族で介護している人に「慰労金」として、年一〇万円支給することを決定しているのですが、それに対して、亀井氏は九九年一〇月「子が親の面倒をみる美風」などと説明していました。

Q たしかに、それが美風でないとはいいませんが、これが「社会全体でケアする」という介護保険のコンセプトから外れているのは明白。この発言は、理解に苦しみますよね？

A さらに、二〇〇〇年一月には「元気な家族が同居している家庭にまで、家事の面倒をみるのはおかしい」などといい出しました。二月には、与党の意向を受けた厚生省が介護保険で家事援助サービスが利用できる対象を一人暮らしの人などに限定するなどの案を提示しています。

どう考えても、これは家族の負担増や現場の混乱が避けられません。同省は「家事援助サービスが家政婦代わりに使われるのを防ぐため」などといっていますが、家庭環境に関係なく介護サービスを利用できるという介護保険の理念が、またもあっさりとなし崩しにされてしまいました。

亀井氏の意向でそうなったわけではないでしょうが、政策の内容を変えるのならば、きっちりと国民に説明をしていただきたいものです。目前まで迫っている超高齢化社会を支える大事な制度であるだけに、不透明なことだけはしてもらいたくありません。

確定拠出型年金

いよいよ日本でも、アメリカの年金制度４０１ｋにならった「確定拠出」型年金の導入がはじまる。これは年金の給付額が資金の運用成績によって変動するもので、上手くいけば大きな利率が期待でき、逆にもし失敗すれば給付額が減るというもの。背景には、長引く超低金利がある。今までの「確定給付」型、つまり、年金の給付額が資金運用実績に関わらず保証された年金制度では、不足分を企業が補塡しなければならず、それが不況下の企業を圧迫してきているのだ。

Q

二〇〇〇年一〇月スタートで調整されていた確定拠出型年金について、政府は開始時期を二〇〇一年一月へと変更しました。

金融機関や企業のシステムを整えるのにいま少し時間がかかることや、二〇〇一年一月に中央省庁の再編を控えていることなどがその理由だそうです。

この確定拠出型年金とはなんですか？

A

確定拠出型年金とは、年金の保険料だけをあらかじめ決め、給付額はその資金の運用成績によって変動するタイプの年金です。

米国では、二〇年くらい前から導入されていて、けっこう広まっています。

Q

確定拠出型年金のことを日本版401kというのは、米国でのその年金制度が401kと呼ばれているからですね。しかし、なぜいまになって年金制度を変更しようとしているのでしょう?

A

いまの年金制度は、確定給付型といって年金の給付額が資金の運用成績に関わらず保証されています。ところが、この不景気に端を発するゼロ金利政策などが原因で、この制度が破たん寸前なのです。

たとえば、年五・五%以上の利子を見込んで年金額を保証していたとします。なのに、世の中はゼロ金利でとてもそんな利益が上がるはずもない。それでも、年金額を保証しているのが確定給付型ですから、足りない分は企業が補塡しなければなりません。

Q

たしかに、いまはこの不景気ですから、ただでさえさびしい懐を年金の負担でこれ以上圧迫することもできないでしょう。倒産か、年金破たんか、という究極の選択さえしなければならない可能性が出てきたわけですか?

A

そうです。そこで、運用実績に応じた年金の支払いのみで、企業の穴埋め負担がない確定拠出型年金がクローズアップされ、政府、自民党が新制度の導入を進めてきたわけです。

Q いわば、企業救済という面があるのですね。そのほかに、確定拠出型年金の特徴はありますか？

A 年金の運用方法を、ほかでもないわれわれ一人ひとりが、自分自身で選ばなければならないことです。

運用が上手くいけば年一〇％の利率も夢ではないかわりに、失敗すれば給付額が減るというリスクがあります。

Q つまり、成功するにせよ、失敗するにせよ、その責任を自分自身が負わなければならないのですね。

自己責任といういまの世の中の流れに沿った変革ともいえますよね？

A そうなのですが、資金投資や運用が当たり前になっている米国と違って、日本人はこうしたことが不慣れです。運用のノウハウを、まずマスターしなければならないという問題があります。

日本の場合、その土壌づくりからはじめなくてはいけないわけです。日本版４０１ｋの成功のカギは、このへんにあるといえると思います。

住民基本台帳番号制

公明党の閣外協力により「自自公連立」が成立、その数の力によって住民基本台帳法も改正された。国民一人ひとりに住民番号を付け、氏名、住所、生年月日、性別を市町村のコンピュータに入力。全国統一規格のデータベースで活用できるようにするもの。全国の市町村窓口どこででも、住民票が取得できるようになる便利さとは裏腹に、「国民総背番号制」であると、プライバシー保護の点で批判も多い。

Q 九九年八月、通信傍受法、いわゆる盗聴法の成立を巡って世間が騒いでいたとき、その陰に隠れるように「国民総背番号制」と批判が多い住民基本台帳法も改正されましたよね?。

A どちらの法律にも、民主、共産、社民三野党は反対していたんですが、結局「自自公」の数の前に押し切られて、同じ日に成立してしまいました。

Q 改正住民基本台帳法というのは、国民一人ひとりに住民番号を付ける法律です。もう少し説明を加えてください。

A 氏名、住所、生年月日、性別の「四情報」を市町村のコンピュータに入力。新設される全国センターなどと専用線で結び、全国統一規格のデータベースで活用できるようにします。この住民番号は、「住民票コード」といって住民票につくもの。乱数表によって一〇桁の数字が決められるのですが、嫌ならば変えることも可能です。

Q **市町村のコンピュータから入力して、全国統一のデータベースで使いますから、全国の市町村窓口どこででも、住民票が取得できるようになったりするわけですよね。かなり便利になる感じですが……？**

A 利点といえばまずそれです。また、本人が申請すれば四情報と住民票コードを記憶した「住民基本台帳カード」の交付を受けることもできます。このカードを使えば引っ越しの際、市町村の窓口で行う手続きが転入時の一回ですむなど、簡便化が進みます。

Q **では、問題点はなんでしょうか？ 金銭的なことと、プライバシーについて取りざたされていますが……？**

A このネットワークの構築・維持には年間二〇〇億円もかかるといいます。国の利用法としては、一六省庁九二事務で恩給給付時の本人確認などに使うらしいのですが、国民の利便性向上といったら先に挙げた程度。多額の税金をかける必要があるのか疑問です。

プライバシーについては、一応法律に民間の情報利用の禁止や、漏えいした職員に対して通常の公務員の守秘義務違反より重い罰則規定が盛り込まれました。しかし、それが完ぺきかというと、そうでもないようなのです。

Q 罰則規定のある法律があっても、プライバシーについては心配が残るのはなぜですか？

A ＮＴＴや市役所からのデータ流出事件が続いていることからもわかるように、日本人はプライバシーについて鈍感すぎます。どんなに法律やシステムのセキュリティを整備しても、最後は扱う人次第なんだ、ということです。

政府が改正法施行の条件として約束している個人情報保護法の制定はもちろん、プライバシー保護の重要性を、われわれ一人ひとりがきちんと認識し、より社会に根付かせなければなりません。

最新トピックス

「葉っぱのフレディ」静かなブーム

現代をくくるキーワードのひとつが「癒し」だという。蓄積した疲れに倦み、癒しを求めている人が多いことはたしかだろう。しかし、そうであっても癒しの代表格「たれぱんだ」は恥ずかしいと感じる人も少なくないはずだ。

そういう人に、うってつけの本をご紹介しよう。米哲学者のレオ・バスカーリアが「命」について子どもたちに書いた絵本「葉っぱのフレディ」（みらいなな訳・童話社刊）だ。

物語といえば、春に生まれた葉っぱのフレディが、秋には紅葉して冬に散り土に帰るまでを描いた単純なもの。しかし、これがじ〜んと胸に響くのだ。生と死に真正面から向き合うフレディの姿に共感せずにいられない！

九八年一〇月の発売以来、ヒットを続けて童話としては異例の大ベストセラーとなっている。夜、独りでこっそりと胸を熱くしたい人は是非とも。

NPO法（特定非営利活動促進法）

阪神・淡路大震災時のボランティア団体の目覚ましい活躍から生まれたNPO法。二一世紀の福祉や国際交流の主たる担い手となる市民活動団体が、法的にも社会的にも認知されるのは当然のことである。市民社会の成熟度を示すバロメーターともいわれているのがNPO法であり、これからのさらなる法整備が望まれる。

Q

九五年一月、六〇〇〇人を超える死者を出した阪神・淡路大震災が起こりました。
このとき、多大な貢献をしたのがボランティア団体です。日本はおろか世界中から人々が集まり、被災地の復興を手伝いました。この活躍がきっかけになって、誕生した法律がありますが……？

A

九八年三月に成立し、一二月に施行されたNPO法（特定非営利活動促進法）のことですね。
NPOとは、Non Profit Organizationの略で、非営利組織もしくは民間非営利組織と訳されています。救援、支援などのボランティア活動だけでなく、介護サービスや子育て支援、国際協力、町興しまで、営利を目的としない市民の社会貢献活動をバックアップしようと、法律が制定されました。

Q **ＮＰＯ法の最大の目的は、非営利の市民活動団体に法人格を与えることだといいますが、なにか問題がありますか？**

A ほとんどの市民団体は任意団体であり、そうなると電話や事務所の契約も煩雑ですし、財産管理も法人名では行えません。

法人格が与えられれば、これらがクリアになり、しかも組織としての社会的信用度も高まり、活動もしやすくなります。

もちろん、法人格を認めるには条件があり、宗教・政治活動を主な目的としないことや、特定の政党などへの支援を目的としないこと、暴力団の統制下にないことなどです。

Q **問題は、この法律ができた当初からいわれていることですが、税制上の優遇措置が見送られたことでしょう。せっかく公的補助や寄付を受けても、税金を一般企業並みに支払っていたのでは、法人格を得たメリットがあいまいになってしまうのではないでしょうか？**

A それもあるのですが、施行後一年以上経った最近では、肝心の法人格取得の手続きに関しての問題が持ち上がっています。「届出」でも「許可」でもない「認証」というやり方をとったため、ＮＰＯ側はもちろん行政側も混乱しているようです。

現行の認証制度では、その審査基準があいまいであり、行政の責任についても不明確なまま。ですから、行政側は過剰な指導をすることになり、ＮＰＯがそれに反発する、という構図です。

いずれにせよ、法律には「施行後三年以内に検討し、必要な措置を講ずる」という付則があります。税の優遇措置についても、認証制度についても、改善していただきたいものです。

ドメスティック・バイオレンス

最新トピックス

九九年五月、大阪地裁で画期的な判決が出た。妻に暴行を繰り返していた夫に対し、懲役一年六か月の実刑を言い渡したのである。日本では、夫が妻に加える暴行（ドメスティック・バイオレンス、DV）を夫婦の問題ととらえることが多いため、警察が介入するケースは少なく、実刑判決はさらにまれだという。

とはいえ、東京都の九七年の調査では三人に一人の妻が夫に殴られたことがあり、半数以上が精神的暴力を受けたと回答。隣の家庭にDVがないとはいいきれず、今後さらにクローズアップされるのは間違いないだろう。

問題は、不可思議にも夫の処罰を望まない妻が少なくないことだ。その後の経済的自立の困難さや、子どもや親戚の手前「自分さえ我慢すれば」と考えるからしい。女性の自立を阻む日本社会の変革も含め、DV問題解決にはまだまだ大きな山が残されている。

男女雇用機会均等法改正

男女雇用機会均等法とは、ジェンダー（社会的な性別）を理由に差別されることがないよう、募集・採用に際し男女均等な取り扱いを義務づけるというもの。今回の改正で、配置・昇進・教育訓練についても差別できないように強化された。とくに注目したいのは、「女子保護規定」が撤廃されたことで、女性の深夜労働の禁止や残業時間の制限がなくなったこと。さらにセクハラについて、今までの風潮「当事者同士の問題」を否定して、「事業主の配慮義務」が定められたことである。

Q いままでは、スチュワーデスを客室添乗員といったり、保母さんを保育員と呼ぶことがありますよね。なぜ、このようになったのでしょう？

A 九九年四月に、男女雇用機会均等法と労働基準法が改正、施行されたからです。これに、女性であれ男性であれ、ジェンダー（社会的な性別）を理由に差別されることがないよう、募集・採用に際して男女均等な取り扱いを義務づけてあります。

ですから、「営業マン募集」とやれば、男性のみが対象で女性排除ということになりますので禁止。逆に、「スチュワーデス募集」「保母募集」の場合は、男性排除になりますので、そのように言い換えているわけです。

Q この改正では募集・採用についてだけでなく、配置・昇進・教育訓練についても差別できないようになっています。性差を理由にしたものの、例を挙げてください。

A たとえば、これまで多かった「女性のみ未婚を条件に採用」とか、「女性のみ昇進の際に年齢制限あり」などとすることも処罰対象です。

Q また、その一方で女子保護規定が撤廃されたのも、大きな変化だといわれています。これについて説明してください。

A これまでは、女性に対する保護措置として深夜労働の禁止や残業時間の制限があったのですが、これがなくなりました。今後は、女性も夜中に働くことが可能になり、残業時間も男性と同様に年間三六〇時間以内が目安になります。

Q そのほか、このときの改正で印象に残ったものはありますか？

A 当時、テレビや新聞、雑誌などメディアにも大きく取り上げられていましたが、セクシュアル・ハラスメント（セクハラ）について改正されたことです。セクハラについて「事業主の配慮義務」が定められたことで、セクハラについて会社の責任を問えるようになりました。

Q

日本では、「セクハラは加害者と被害者の当事者の問題」という認識が強く、なにかあっても会社が腰の引けた対応しかしてこなかったのが現状です。

しかし、今後はこの規定が盛り込まれたことで、だいぶ状況が変わってくるということですか？

A

女性社員がクレームを出しているのに、会社がなにもしてくれなければ、会社の責任を問えるようになります。しかも、明文化により損害賠償の訴訟も起こしやすくなりました。

Q

九八年に三菱自動車工業のアメリカ子会社で、セクハラにからみ会社が被害者に五〇億円近くの和解金を支払うという事件がありました。

日本にもそんな時代が来る可能性が出てきたということですか？

A

現実として弱い立場に置かれている女性を守るために、セクハラ訴訟を起こしやすくし、その責任を加害者のみならず、企業にも問えるようにしたのが今回の改正です。あながちまったくないことだとは、いえないと思います。

「日の丸」「君が代」法制化

これまで慣習とされていた日の丸、君が代が法制化された。ただし法律といっても義務規則や罰則規定は盛り込まれず、文部省や教育委員会による「日の丸掲揚と君が代斉唱の指導」に法律的根拠を与えるものだ。きっかけは、九九年二月に起こった広島の県立高校の校長先生の自殺事件。卒業式での日の丸掲揚・君が代斉唱の職務命令と、拒否したい現場との板挟みになっての悲劇だった。

Q 九九年八月に「国旗・国歌法」が成立しました。これで、なにが変わるのでしょう?

A この法律ができたことによって、これまで慣習とされていた「日の丸」「君が代」に法的根拠が与えられ、国旗・国歌として正式なものとなりました。

これまでは慣習でしたから、君が代の「君」についても政府は統一見解を示していなかったのですが、今回の法制化によりそれも明確になりました。

「大日本帝国憲法下では主権者である天皇を示していたといわれているが、日本国憲法の下では、日本国及び日本国民統合の象徴である天皇と解釈するのが適当」だそうです。

ただ、その法律には義務規則や罰則規定は盛り込まれませんでしたし、小渕恵三首相も「国民生活に何らかの影響や変化が生じることとはならない」といっています。私たち国民の生活が、激変するということはないのではないでしょうか。

Q この法律が取りざたされるようになったのは、九九年二月に起こった広島の県立高校の校長先生の自殺事件からでした。その後の経緯を教えてください。

A その事件は、卒業式での日の丸掲揚・君が代斉唱問題を巡って、それを職務命令とする文部省や教育委員会と、拒否したい現場との板挟みになっての悲劇だったそうです。

これを聞いた当時の野中広務官房長官が「根拠を明確にする必要がある」と訴えて、法制化が急浮上しました。

もっとも、野中氏がそう提起したものの、当初は国会を通りそうになかったものですから、一時は法制化断念に傾きました。ところが、自自公連立の枠組みづくりが進むに伴い、公明党が賛成方針に転じたので、結局、法律が成立することになります。

Q そもそものきっかけが学校での事件ということですから、一般の国民生活にはさほど関係なくても、教育現場での話はちょっと変わりそうですね。

文部省や教育委員会による日の丸掲揚と君が代斉唱の指導が、さらにいっそう厳しくなるのではないですか？

A たしかにそういう傾向は強いようです。

たとえば、文部省が発表した九九年春の公立学校の卒業式・入学式での君が代斉唱と日の丸掲揚の実施状況によれば、実施率の平均は小・中・高校ともに前年と同じかアップし八〇～九九％を記録、特に完全実施は前年より四自治体増の二八県四政令指定市でした。

お上の指導の徹底ぶりを如実に表す結果だと思いますが、国旗・国歌法成立前の時期でさえこうなのですから、法的根拠のできた今後は推して知るべしでしょう。

幼児・児童虐待

最新トピックス

幼い無力な子どもへの虐待が、日本でも増えている。厚生省によれば、全国の児童相談所が受けた児童虐待の相談数は、九〇年には約一一〇〇件だったのに、八年後の九八年には六倍強の約六九〇〇件と激増。九二～九六年の間に、虐待により殺された子どもの数は三二八人にも上るという。

「泣きやまない」「お漏らしをする」など、ほんのささいなことが理由であることが多く、病巣の根深さを感じさせる。父母どちらかが虐待しているだけではなく、両親あるいはその知人まで加わった複数による加害も少なくなく、「異常」としかいえない状態だ。

最近になって、ようやく厚生省も対策のため、重い腰を上げたようだが、まだまだといったところ。医師や教師などに対する通告義務や親へのケア、刑罰規定など、せめて諸外国なみの整備を早急に進めてもらいたい。

オウム対策二法

いまだ多くの国民にとって不安な存在であるオウム真理教を取り締まるために、九九年秋の臨時国会において新しい法律が成立した。適用されれば、教団に対して施設への立ち入り検査などが可能となり、年間七〇億円ともいわれるパソコン関係の利益が被害者へと回されることになる。

Q

オウム真理教は、二〇〇〇年一月に教団名を「アレフ」に変更し、村岡達子代表代行を代表者とすることなどを明らかにしました。また、その少し前に出所した上祐史浩幹部が、地下鉄サリン事件など一連の事件に松本智津夫被告が関与していたことを初めて認めていますが、オウム真理教は本当に変わったと認識されていますか?

A

そのほかにも、教団は新団体に教祖を置かず、松本被告を「霊的存在」などと位置付けました。また、信者については改めて入会を求めるなど、オウムとの「決別」を強調しています。

こうした教団の動きについて、警察・公安当局は「オウム新法の適用逃れ」とみているそうですが、世間のほとんどの人もそう思っているに違いありません。第一、教団はその直後にとんでもない事件を起こしました。

Q

茨城県の教団施設から、教祖である松本被告の長男が信者六人に連れ去られた事件ですね。このケースでは、松本被告の次女と三女に逮捕状が出されましたよね？

A

オウム新法の適用が公安審査委員会で審議されているさなかだというのに、このような違法行為を犯すなんて信じられません。いまだ教団が、常識的な判断を下すことができないという証拠ではないでしょうか。

Q

オウム新法というのは、九九年秋の臨時国会で成立したものです。これは、以前俎上に上っていた破壊活動防止法（破防法）とは違うものですか？

A

違います。このとき決まったのは、団体規制のための「無差別大量殺人行為を行った団体の規制に関する法律案」（団体規制法）と、オウム犯罪被害者救済のための「特定破産法人の破産財団に属すべき財産の回復に関する特別措置法案」（被害者救済法）という二つの法律です。

Q

当初は、破防法を改正してこのところ勢いを増してきたオウムを抑えるという話だったはずですが……？

A

たしかにそうでした。宗教法人格もなく、破産宣告を受けたことで、一時はその活動が沈静化したかにみえたオウム真理教ですが、九七年一月に破防法の適用が見送られたのを契機に活動が再び活発化。とくに、九九年に入ってからは教団施設購入などで、各地の住民とトラブルを起こしていました。

それで、トラブルを抱える各自治体の要望もあり、五月には当時の陣内孝雄法相が、より適切な団体規制ができるよう破壊活動防止法の改正を持ち出したのです。適用条件の緩和などの改正が、政府で検討されていました。

Q

破防法とは、破壊活動を行った団体を規制し、それに加担した個人を刑法により、幅広い範囲で処罰する法律です。この法律の改正論議が、なぜ今回のような新法制定になるのですか？

A

九七年の適用見送りは、「思想や結社などの自由」を侵す違憲の疑いが濃いという、反対意見が多かったからです。ですから、もし改正するとしても、野党や市民団体などのアレルギーが強く出る可能性がありました。そこで、新法制定に方針転換したのです。

Q

二〇〇〇年新春の時点で、教団への適用が審議されているのが「団体規制法」で、団体としての行動を取り締まるもの。必要に応じて対象団体を観察処分か、再発防止のため規制処分とすることができます。

この法律による処分が決まれば、施設への立ち入り検査や、土地・建物の新規取得などの禁止が可能になります。もうひとつの法律について説明してください。

A 一方の「被害者救済法」は、観察処分を受けた団体に適用するものです。

オウム関連会社が、パソコン販売などで年間七〇億円以上も稼いでいるといわれているにも関わらず、被害者にはほとんど補償がなされていません。それを正していこうとする法律です。

オウムは、九九年一〇月に対外活動休止などの「休眠宣言」をし、二〇〇〇年一月には名前を変え、代表も変えました。しかし、いまだ松本被告を「霊的存在」とし、「天才的な瞑想家」と持ち上げるなど、ふつうの国民にとっては理解しがたい存在でもあります。この新法が有効な取り締まり策になればよいと思います。

最新トピックス

「ブレア・ウィッチ・プロジェクト」

九九年米国で大ブレイクしたB級ホラー作品「ブレア・ウィッチ・プロジェクト」が、日本では二〇〇〇年の正月映画として公開された。二万ドルともいわれる低予算ながら、一〇月三一日の段階で一億四〇四七万三〇〇〇ドルも売り上げた大化け映画だ。

ストーリーそのものが面白いのはもちろんだが、ヒットの最大の秘密は映画史上はじめてインターネットを宣伝媒体として有効活用したことだという。ウェブサイトを利用して、映画にリアリティを持たせるための背景作りを、約一年間もかけて仕掛けたらしい。

九九年の洋画ベスト3は、「アルマゲドン」(八三億五〇〇〇万円)「スター・ウォーズ エピソード1」(七八億円)「マトリックス」(五〇億円)。多額の製作費をかけたハリウッド作品ばかりだが、日本の映画ファンは低予算の「ブレア〜」をどう観るだろうか。

通信傍受法

九九年八月に、組織的犯罪対策として大きな武器となる盗聴法（通信傍受法）が、自自公の賛成多数により成立した。しかし、令状との関係はどうするのか、見込み盗聴は可能なのかなど、いくつもの大きな「?」マークを残したままである。警察権力の暴走を防ぐためにも、今後も盗聴法には強い関心を持ち続けなければならない。

Q

九九年八月に、通信傍受法、いわゆる盗聴法が自民、自由、公明の賛成多数により成立しました。

この法律ができたことで、私たち一般の人の電話も盗聴される可能性が出てきてしまったわけですか？

A

基本的には、そういうことにはならないはずです。当然のことながら、電話など通信の傍受ができるのは、犯罪捜査のためですし、しかもその犯罪も薬物、銃器、集団密航、組織的殺人の四種類に限定されています。

また、傍受するときはＮＴＴ社員や地方公務員などの常時立ち会いを義務化。さらに、政府に盗聴機器販売規制や市民団体、労働組

合などの活動を阻害しないよう留意すること
などを求める付帯決議も採択されました。

Q **しかし、この法律が成立したとき、衆院では採決で与党自民党からも退席者が出、また参院でも野党側が牛歩戦術で採決引き延ばしを図るなど、とても十分な審議がなされたものとはいえなかったはずです。安心してばかりではいられないのでは？**

A たしかに、成立の経緯からして問題がないとはいえません。そもそも、この法案が国会に出されたのは、九八年の通常国会とだいぶ前のこと。しかし、当時与党だった社民党さえも、憲法の「通信の秘密」を犯すと反対、継続審議になりました。

公明党も、同じくはじめは政府原案に反対していたのですが、国民の知らないところでいつの間にか政府、自民党に協力することで合意。それで、この法律が成立してしまったのです。国民を置き去りにした法律、という印象はぬぐいきれません。

Q **具体的な問題としてよくいわれているのが、「将来の犯罪」をも対象としていること、「令状主義」との関係ですが、具体的にはどういうことですか？**

A 警察は、犯罪が発生したあとに行動を起こすのがふつうなのですが、この通信傍受法では「犯罪のおそれあり」というだけで、盗聴ができてしまいます。この「見込み」で、盗聴が可能となることが問題とされているわけです。

また、よく知られているように強制捜査には裁判官の令状が必要なのですが、この令状との関係もあやふや。捜査員が盗聴の必要性を判断するために「試し聞き」してもいいのか、など疑問があります。

ほかにも、NTT社員らが立ち会うとしていますが、それも問題だと思います。ただ、立ち会うだけで、盗聴を止めさせる権限がないのです。なんのために立ち会うのか、よくわかりません。

さらにいえば、事後通知というわけのわからないものもあります。盗聴されたあとは、その旨を記した通知が通話者に行くのですが、これがあるのも犯罪に関係がある場合だけなのですね。一般の人がごくふつうの話をしているのを、警察が盗聴しても、まったくこちらには知らされないのです。

Q **やはり、犯罪捜査に有効なのは理解できるにしても、かなり危険な法律ということですね。国民としてはなにに気をつければいいのでしょう?**

A 警察の権力乱用を抑えるためにも、情報公開を徹底させるしかないでしょう。

国民がきちんとチェックする姿勢を示せば、国家や警察といっても、暴走を抑えられるはずです。

財政赤字

無駄が指摘される公共事業の削減や、少子高齢化による年金や健康保険など、社会保障費の増大が見込まれる来世紀の財政構造を改革するため、橋本龍太郎前首相が決めた財政構造改革法。しかし、九八年七月に「経済再生内閣」を看板にする小渕恵三首相が誕生すると、それらはすべて凍結されてしまう。三三〇兆円もの借金を、二一世紀の日本はいかに返していけばいいのだろうか。

Q 日本は、九九年度末に国債発行残高が三三〇兆円に達する、先進国中でも最大の財政赤字を抱えた国です。この現状を説明してください。

A 二〇〇〇年度予算に占める国債の利払いや償還に使う国債費が、二〇兆円を超えると予測されています。つまり、日本の年間予算が約八〇兆円ですから、年収の四倍の借金を抱え、四分の一を返済に充てていることになります。

単純に計算しても、なんと国民は国債の利子として一時間ごとに一二億円も払わされ続けているのです。人口を一億二〇〇〇万人とすると、国民一人当たりの返済額は一か月に七二〇〇円も払っていることになります。

Q この国債が借金となっているわけですが、この借金の中身にはいわゆる赤字国債と呼ばれる特例国債と、建設国債の二種類がありますす。どういう違いがありますか？

A 赤字国債は、人件費などの経常経費を賄うのが目的。建設国債は公共事業費などの財源です。

Q 日本には、財政法というものがありますから、予算は国債発行に頼らない均衡財政「プライマリーバランス」である必要があるのでは？

A もちろん、税収に見合った支出を考えるべきだと思います。しかし、七五年以来、九〇〜九三年度をのぞき、毎年、赤字国債が発行されているのが現実なのです。

Q 財政法違反にはならないのでしょうか？

A 法律に違反しないよう、毎年、特別立法で「財源確保法」を成立させて、合法としてきました。こういうのを「泥縄《どろなわ》」というのでしょうが、この状況を変えていく努力が必要だと思います。

一方の建設国債は、法律をつくらなくても発行できるのですが、われわれの子どもたちに借金を残すという点は赤字国債と変わりません。最終的には、道路や橋などの社会資本として残るという利点はありますが……。

Q **こうした借金体質を反省し、橋本龍太郎前政権は、九七年に財政構造改革法（財革法）というものをつくりました。これはどんなものですか？**

A 財政の危機的状況を正し、高齢化社会にふさわしい財政体質へと変換するため、二〇〇三年度までに赤字国債の発行をゼロに抑えることなどを目標とした法律です。歳出削減に数的な拘束力を持たせ、放漫財政に歯止めをかけようとしていました。

Q **しかし、財革を進めていた橋本前首相は九八年七月に退陣してしまいます。そのあとを受け、小渕恵三首相が誕生しましたが、この首相交代でなにか変化はありましたか？**

A 小渕新首相が優先したのは、財革よりも景気回復でした。そのため、財革法を事実上廃止してしまいます。

結果、ばらまきと批判された九九年度予算を編成して、過去最大の国債発行額三一兆五〇〇〇億円もの計上がなされました。歳出抑制も国債減額も、すべてが元に戻ってしまったのです。

さらに、九九年一一月に決められた第二次補正予算でも、二次補正後の九九年度の新規国債発行総額が、三八兆六一六〇億円と約七兆円も膨らんでいます。国債依存度は四三・四％。いずれも戦後最悪です。

Q **その時のニュースは、ついにその総額が国の税収から地方交付税分を除いた「純税収」を超えてしまったことでした。二〇〇〇年三**

月末時点で、国と地方を合わせた財政赤字の対国内総生産比率が推定一〇・七％というデータも出ています。国家財政は、非常事態に入ったといっても過言ではありませんよね？

A この対国内総生産比率は、ひと言でいえば税収など歳入の不足を表すものなのですが、この数値にしても日本は突出した値だといえるでしょう。先進国の中でも最悪の借金財政であることを示しています。

たとえば、欧州連合（ＥＵ）ではこれを加盟基準のひとつに挙げています。これが、「財政赤字は三％以下」というものなのですが、日本の財政状態はこんな条件などお話にならないほど悪いということです。

Q もし、日本がヨーロッパの一国だったとしても、借金体質を理由にＥＵに加盟できないわけですね。先進七か国でも赤字がひどいといわれていたイタリアをすでに抜き、ブラジルなど途上国並みの危険ゾーンに足を踏み入れているということでしょうか？

A しかも、二〇〇〇年度予算でも政府は景気刺激を目指し、九九年度に続いて積極型とするようなのです。新規に発行する国債は、三〇兆円前後になると予測されています。

小渕恵三首相も、「経済が回復軌道にしっかり乗った段階で」と財政再建をさらに先送りするようなことをいっていますので、借金財政は当分変わりそうにありません。

このままいけば財政破たんは確実です。抜本的な改革を、近い将来やる必要があります。

財政再建団体

全四七都道府県のうち、半分近くが赤字という最悪の地方財政。公務員のサラリーカットという「聖域」にまで踏み込んだ策を打ち出しているが、いまだその先行きは不透明な状態だ。長引く不況により、税収増も見込めないいま、地方自治体が自力再生していく道はあるのだろうか。

Q **九九年七月に、東京都が職員のサラリーカットなどを謳った「財政再建推進プラン」を発表しましたが、どう思いますか?**

A 全職員の給料・ボーナスの一部カットや、施策の見直しなどを盛り込んだ計画のことですね。二〇〇〇～二〇〇三年度までに、給与関係などの内部努力で一六〇〇億円を削減するといっています。

もっとも、じつは具体的な給与の削減幅には触れておらず、いくらカットするかは議会や職員組合との今後の交渉待ちの状態なのです。今後どうなるかは、双方のつばぜり合い次第でしょう。

Q **愛知県では一般職員の給与を九九年四月か**

ら一年間、一律三・五%のカットを実施しています。また、福岡県でも二〇〇〇年四月から二年間にわたり一律三%カットすることで労使合意が成立しましたが、東京都もこのようになるのですか?

A 東京都の場合は、まだ予定の段階ですが、同じ方向へ向かうことは間違いないでしょう。

Q **いずれの地方自治体も、「聖域」ともいえる人件費に手を付けるくらい歳出カットに躍起になっているわけですが、その理由はわかりますか?**

A 財政再建団体に転落したくなくて、必死なのだと思います。財政再建団体とは、収支の赤字が都道府県なら財政規模の五%、市町村は二〇%を超す赤字自治体のことです。

地方財政再建促進特別措置法では、こうした赤字自治体は財政運営全般を、国の監督下に移し替えることになっています。ですから、それを避けるためにいろいろな自治体で策が練られているわけです。

Q **現時点で指定を受けているのは、福岡県赤池町だけですが、九八年度の財政不足額が一一五〇億円あった神奈川県の岡崎洋知事が「財政再建団体へと転落しかねない」と九八年九月に非常事態を宣言しました。**

そのほかの地方自治体の状況を教えてください。

A 同様の発言は、九七三億円赤字の愛知県、同じく四四〇〇億円の東京都、一八三九億円の大阪府なども、神奈川県に続けて行っています。東京都などは、二〇〇〇年に見込まれる財政不足額が、さらに増えて六二〇〇億円にもなってしまいました。

そのほかの自治体でも、たとえば福岡県などは年間六〇〇億円を超える財源不足に陥っているといいます。また、財政再建団体に転落しないまでも、全四七都道府県のうち半分近くが赤字になりかねません。

それもこれも、原因は長引く不況が原因だと思います。法人住民税、法人事業税、地方消費税などの見通しが大きく狂ったのでしょう。その結果、公務員のサラリーのカットという最悪の事態にもなってしまったわけです。

最新トピックス

ダイエーホークス、初の日本一

ライオンズ・松阪、ジャイアンツ・上原の二人のルーキーピッチャーの話題が目立ったプロ野球九九年シーズン。しかし、肝心の日本一となったのは本州以外にある唯一の球団・福岡ダイエーホークスであった。

球団創設一一年目で初、前身の南海時代からは三五年ぶり三度目の日本一。九州をホームとするチームのシリーズ制覇は、「神様、稲尾様」の西鉄ライオンズ以来四一年ぶりである。チームを率いて五年目の王貞治監督は、巨人の監督時代以来、一二年ぶり二度目のシリーズ出場で初めて日本一監督となった。

福岡市内を流れる那珂川にかかる「福博であい橋」からは、優勝決定の直後から川に飛び込むファンが続出。一五〇人以上が飛び込んだリーグ優勝時の騒ぎを踏まえ、新たに「飛び込み禁止」の立看板を立てたが効果なく、二〇〇人近くが飛び込んだという。

一票の格差

「地方重視」「都市軽視」の日本の政治構造。これがあるかぎり、一票の格差がなくなることはない。一票の価値に偏重があるのは、民主主義の根幹を揺るがす、世界でも異例の状態だ。司法が現状容認の判決を出し続けている以上、グローバルスタンダードに日本を合わせるためには、国民一人ひとりが声を上げ、現状を変えていく姿勢をみせ続けなければならない。

Q 民主主義の原則が平等であるならば、選挙のときはどんな人の一票でも同等の価値がないといけないはずです。にも関わらず、国政選挙のたびに一票の格差が問題になり、一向に改善されませんが、どう思いますか？

A たしかにこれは妙な話で、日本は世界の常識から外れているように感じます。投票価値の平等の原則を、厳格に実施している国は少なくありませんし、そうできなくても、できる限り一対一に近づける努力をすべきなのが文明社会の常識のはずです。

Q その差は、衆院選では三倍弱、参院選ではなんと五倍近くもついているのが現状ですが……？

A たとえば、現在の衆院小選挙区の区割りは、この制度が発足した最初の選挙、九六年一〇月の時点で、すでに二・三倍以上の一票の格差がありました。スタート時から、欠陥があったわけです。

しかも、これは年々広がる傾向にあり、九九年一二月の自治省の発表によると、有権者がもっとも多い神奈川一四区と、もっとも少ない島根三区とでは二・四四倍もの差となっています。

Q 議員の配分をするときに、まず各都道府県に定数一を一律にあてて、その後で人口比例で分けていく方法をとっているのが、一票の

格差を生む原因です。なぜ、この根本的な不平等の原因を正すことができないのでしょう？

A いまの議席配分をみてもわかるとおり、日本の政治構造として、過疎地を厚遇するという傾向があるからです。国会議員を多く割り振ることで、過疎地対策を進めているというポーズをとりたいのでしょう。

しかし、国会議員というのは、ある地方に利益誘導するためにいるのではなく、全国民の代表であるはずです。平等な選挙で選出されて、その上で全国会議員で過疎地対策をするべきだと思います。

Q なるほど。しかし、日本の司法はそう考えてはいないようで、定数配分について七回目の最高裁判決となった九九年一一月のケース

でも、「投票価値の平等は制度の仕組みを決定する、唯一絶対の基準ではない」などとして、このときも不平等を容認しましたが、どう思いますか？

A 本当にがっかりさせられました。過疎地優遇も理解はできますが、それを裏返せば過密地域を軽んじていることにほかなりません。不平等な選挙では信頼性にかけますし、そうなればますます政治不信に拍車がかかることになるでしょう。

最新トピックス

公立学校の自由選択制

これまでは学齢時期になったとき、自分が通う小学校は私立か公立かの選択くらいしかできなかった。公立に行くと決めたはいいが、学校を選ぶ権利はない。お上が決めたところへ入学するしかなかったのである。

ところが、九九年になって公立小学校であっても自分の行きたいところへ入学できる制度がお目見えした。東京都の品川区と日野市（中学校も同制度）のことである。品川区は、すでに二〇〇〇年春の入学からを決定し、日野市は二〇〇一年春からを予定している。

問題は、いかに選択の基準となる学校の情報を公開していくかだが、閉鎖性が指摘されている学校だけあってそれも心もとない。以前、都内のある中学校で「問題児が入学する」というウワサだけで、入学者が激減するという事件があった。ウワサだけで学校がランク付けされる……、怖い話である。

拡大連座制

立候補者本人が選挙違反を犯していなくても、その選挙スタッフが違反していれば、当選の無効などが強いられる拡大連座制。小さいながらも政治不信払拭のための一歩と思えたが、その裏をかき不信を増大させるようなケースが散見されている。「政治のモラル」は立候補者だけでなく、投票する選挙民にも求められるものなのだ。

Q いまの選挙制度だと、選挙違反があった場合、立候補者本人が悪くなくても、その仲間が違反すれば、当選が取り消されてしまいます。これは、どういう法律によるものですか?

A 九四年の改正公職選挙法で打ち出された拡大連座制です。候補者と一定の関係にある人たちが、買収などの選挙違反を起こして有罪が確定した場合、立候補者の当選は無効になってしまいます。

一定の関係にある人たちというのは、選挙運動を組織的に管理する秘書や親族はもちろん、組織を利用して選挙運動を行う後援会、企業、労働組合、宗教団体、町内会などです。

Q

拡大連座制による当選無効には、候補者本人の選挙違反への関与の有無は関係ありません。いま挙げた一定の関係にあるものが違反していれば、当選は取り消しとなります。また、そのほかにペナルティとして、選挙違反による連座制が確定した人は、さらに五年間は同一選挙区、同一選挙での立候補を制限されます。これについて、どう考えますか？

A

当選取り消しはもちろん、立候補禁止も当然だと思います。政治不信はかつてないほどにまで高まっていますし、少しくらい厳しい罰則があったほうが政治家の襟も正せるのではないでしょうか。

もっとも、関係者に違反があっただけで、べつに本人が間違いを犯しているわけでもないのに、公民権を停止するのは憲法違反だ、という意見があることも知っています。これについては、多くの国民の意見を調査する必要があると思います。

Q

たしかに、国民がどう考えているのかは興味があるところですね。しかし、そういう意見がある一方、選挙民にとってはもっと釈然としない状況になっているのは知っていますか？

A

この意見を盾に、法律で立候補が禁止されていない別の選挙、選挙区へ立候補をする連座制適用者、適用候補者のケースがいくつもあるのです。

たとえば、九八年一二月の静岡県三島市長選で当選した小池政臣氏は、九六年の衆院選静岡七区での選挙違反事件に絡み拡大連座制の適用を受けている人物でした。

Q **衆院選での同選挙区からの立候補が五年間禁止されているので、いってみれば市長選にくら替えしたということですね。三島市長選以外にも、愛媛県の松山市議選や和歌山県和歌山市長選、青森県議選などで、こうした法律の盲点を突いたケースが起こっています。どう思いますか?**

A 立候補する政治家のモラルはもちろん、投票する選挙民のモラルも、もう一度考え直したほうがいいと思います。当選さえすれば、ミソギを済ませたと考えるのかもしれませんが、それでは政治倫理は地に堕ちるばかりでしょう。

最新トピックス

燃料電池

独ダイムラー・ベンツと米クライスラーの合併や、日産の仏ルノーへの傘下入りなど、自動車業界は世界規模での合従連衡が進んでいる。この業界再編の大きな目的は、地球に優しい次世代の自動車を生み出すこと。その開発に巨額な資金が必要なため、会社を大きくし体力をつけているわけだ。

現在、各メーカーが開発にしのぎを削っているのが、水素と酸素を化学反応させて電気を発生させる燃料電池。「電気のほかは水しか出さない」というクリーンな電池で動く電気自動車の実用化を、来世紀早々には実現したいと競争しているのである。

現時点で、ややリードしているとみられるのは、ダイムラークライスラーとフォードのチームと、トヨタ、GMのチーム。前者は二〇〇四年、後者は二〇〇三年までに、市場投入する予定だという。

第2章

金融・産業

中坊公平　写真提供：PANA 通信社

銀行合併

日本版ビッグバンを乗り切るために、金融業界再編は必至。とはいえ、第一勧業・富士・日本興業による共同金融持ち株会社設立をはじめ、東海とあさひ、住友とさくらと、予想以上に大型の銀行合併計画が相次いで発表された。しかも組織の改編など本格的な動きはこれから。金融業界はいま、激動のまっただ中にある。

Q **九九年の銀行業界は、びっくりするような大きな合併が発表されましたが、どのようなものがあったか覚えていますか?**

A 八月に発表された第一勧業・富士・日本興業の三行による共同の金融持ち株会社の設立が最初だと記憶しています。これによって、総資産額一四一兆円の世界一のメガバンクが誕生することになりました。

一〇月に入ると、まず東海とあさひの持ち株会社設立の発表があり、続いて住友とさくらの合併計画が報道されました。

Q **とくに住友とさくらの合併には驚かされましたね。住友はいうまでもなく住友グループの中核企業で、さくらにしても三井グループ**

の中心です。「旧財閥を超えた合併」ということで世間の耳目を集めました。世界一の銀行が誕生する、旧財閥の枠が壊れる……。まさに金融再編の象徴的なできごとです。

ところで、第一勧業・富士・日本興業や、東海・あさひが設立するという「金融持ち株会社」とはなにか知っていますか？

A 本来、持ち株会社とは、傘下に収めた企業の株を持つことで、これらのグループのトップとして経営を行う会社のことです。金融持ち株会社というのは、信託銀行や証券、保険、リース、クレジットといったいろいろな金融機関の株を保有して、それらを統轄する会社です。

Q 今回の持ち株会社による統合も、とりあえずは銀行同士ですが、将来的には信託銀行や証券も傘下に入れることを視野に入れているようですね。でも、なぜこんな合併の仕方をするのだと思いますか？

A 持ち株会社の下にいろいろな業種の会社が集まることで、互いの不得意分野を補える利点があると聞いています。それに、単純な合併に比べて、機能や顧客層ごとにきめ細かい組織が再編できることも理由だと思います。

Q もっとも、総資産約九九兆円、世界第二位の銀行となる住友・さくらの合併では、持ち株会社方式を採用していません。「銀行は一つでなければ統合効果を発揮できない」と岡

田明　重さくら銀行頭取もいっていますから、メリット、デメリットをどう考えるかは、それぞれなんでしょう。

いずれにせよ、こうした銀行統合の究極のねらいは、顧客基盤を拡大して収益力を強化することですね。具体的にはどういうことだと思いますか？

A スケールのメリットを生かして、国際的な競争力をつけるということではないでしょうか。また、統合をきっかけに人事体系の再編やリストラなどを行うことができる点も挙げられると思います。

Q 合併してスケールアップする一方で、リストラを進めてスリムなからだにするわけですね。

こうした金融再編の動きには、日本版ビッグバンが深く関係しているといいます。ところで、日本版ビッグバンとはなにかを、きちんと知っていますか？　よく規制緩和とか、自由化などと訳されていますが……？

A 欧米に対して遅れている日本の金融システムを、抜本から改革することです。具体的にいうと、外国為替管理法の改正による門戸開放、金融持ち株会社の解禁などの規制緩和措置です。

Q その規制緩和によって、銀行の窓口で投資信託が買える、証券で一任勘定ができる、などのことが可能になりましたね。それがビッ

グバンの目的だったのですか？

A いいえ。本当の目的は、それによって、日本が持っている一二〇〇兆円以上ともいわれる莫大な預貯金や株券などの金融資産を活用することだと思います。

Q **たしかに、バブル以降の不景気でいちばん問題だったのが、株の取引や債券の発行、資金調達などの金融取引がすべて海外に流出して、日本人の財産である一二〇〇兆円が塩漬けになってしまった、いわゆる「金融の空洞化」ですね。**

しかし、日本の金融が空洞化したのは、日本人が、低い利息や貸し渋りなどで日本の金融機関に愛想をつかしたからだと思われます。

日本国民の自国の金融機関に対する不信感はかなり根強くて、早々には改善できそうにはありませんが、ビッグバンによって日本の金融機関の信用度が高まるのですか？

A たとえば国内の金融機関の間にある垣根を撤廃して、銀行、証券、保険などが相互に業務参入できるようにすれば、ひとつの商取引に関わる企業の数が増えます。そうすれば、競争が厳しくなりますから、サービスの悪い会社は淘汰されていくしかありません。生き残った会社は、優良な企業として信用が高まるはずです。

また、門戸開放によって国外からもプロの金融マンを招き入れることができます。国民に信用されない自国の金融機関ではなく、外資系の金融機関にも活躍の場を与えることで、いっそう競争原理が働いてサービスの向上が期待できます。

Q　まさにグローバルスタンダードというわけですね。しかしそうなると、状況は金融機関にとってかなり厳しいものになりそうですね。それで景気はよくなると思いますか？

A　たとえば、日本人が持っている一二〇〇兆円の金融資産を、国内の優良な金融機関できちんと運用したとします。すると、その運用手数料がたった一％だとしても、金融機関に入るお金は一二兆円にもなります。

　さらに、この半分が税金だとすると、六兆円の税収増です。この六兆円という金額は、九七年四月の消費税の三％から五％への値上げによる税収の増加分よりも大きい金額です。

そうしたお金の動きが、景気回復につながっていくと思います。

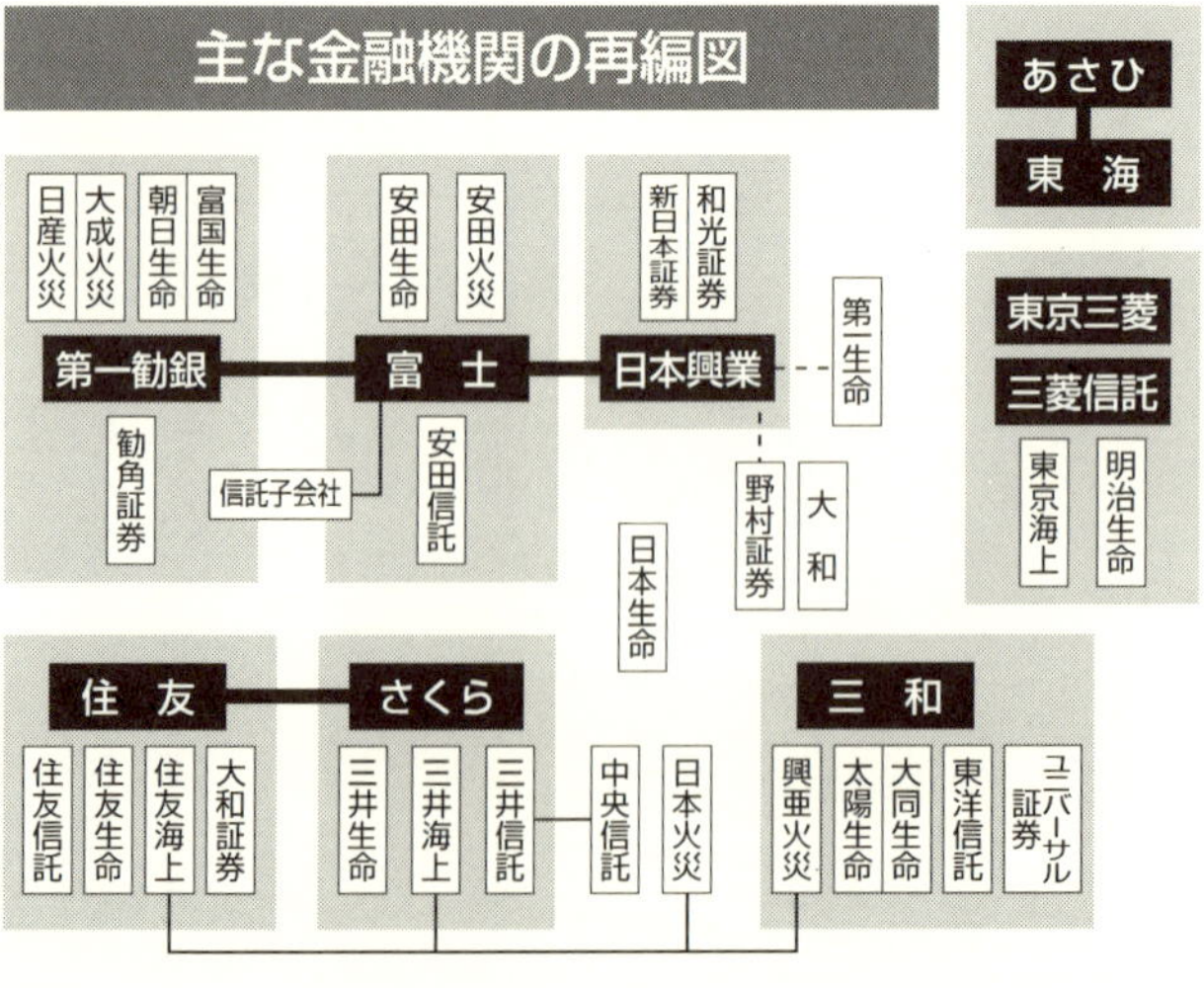

金融危機

九八年の長銀、日債銀の破たんに続き、九九年には国民銀行、幸福銀行、東京相和銀行がそれぞれ破たん。それぞれ金融再生法に基づく破たん処理が適用された。長銀と日債銀は特別公的管理され、国民、幸福、東京相和の三行は継承銀行の設立へ。その過程で、旧経営陣の刑事責任も追及されている。

Q 九九年は、銀行の大型合併計画が相次いで発表されました。その一方で、金融機関の破たんも多くありました。どんな銀行の破たんが記憶にありますか?

A いずれも第二地銀ですが、国民銀行が四月、幸福銀行が五月、それに東京相和銀行が六月に事実上破たんしたと記憶しています。

Q 九八年にさかのぼると、一〇月の日本長期信用銀行（長銀）、一二月には日本債券信用銀行（日債銀）の破たんもありましたね。ところで、バブル以降におかしくなってしまった日本の金融システムを立て直すために九八年一〇月に金融再生法が施行されました。

この法律には、破たん銀行の処理に三つの方策があげられていますが知っていますか？

A ひとつ目が、国が株式を強制取得する特別公的管理（一時国有化）の方法。二つ目が、金融整理管財人を派遣し、その後清算する方法。そして三つ目が、管財人を派遣し、受け皿銀行が見つかるまで業務を引き継ぐ「承継銀行」（ブリッジバンク）を設立する方法、の三つです。

Q **規模の大きい長銀や日債銀では、特別公的管理の方法が採られました。国有化の時期を経て、長銀は米国の投資会社、リップルウッド・ホールディングスへ譲渡されることが決まっています。**

ちなみに日債銀の譲渡先については、知っていますか？

A ソフトバンクとオリックス、東京海上火災保険が組んだ三社連合に、米国の投資銀行、リーマン・ブラザーズが合流する予定だったと思います。

Q **では、国民、幸福、東京相和についてはどんな処理が採られましたか？**

A いずれも承継銀行（ブリッジバンク）を作る方法です。

こちらは比較的規模が小さいので、こちらのほうが簡便で、国民の負担も少ないと判断されたのだと思います。

現在、この三つの破たん銀行には、弁護士と公認会計士、あと預金保険機構が金融整理管財人として金融再生委員会から派遣されて、それぞれの銀行の資産内容を精査していますね。

その結果、国民銀行では一一月に逮捕者が出ました。その経緯は知っていますか?

A 管財人の仕事には、不良債権を整理回収機構に切り離すといった財産管理に加えて、旧経営陣の民事・刑事責任の追及も含まれます。

ですから、その仕事の過程で旧経営陣の不正が明らかになれば、管財人が告訴するのは当然だと思います。

Q 総額約九〇億円もの不正融資の疑いが濃厚になったということで、警視庁と東京地検特捜部が、前頭取など四人を逮捕したのでしたね。

長銀や日債銀でも、ありもしない儲けをでっち上げて、株主に違法な配当をした粉飾決算で捕まった人がいました。

こうしたことについてどう思いますか?

A よほどいいかげんな経営をしていたのだろうと思われても仕方がないでしょう。いっそのこと、破たんした銀行だけでなく、すべての金融機関の膿が出せる方向に向かうことを期待します。

金融機能早期健全化法

九八年の「金融国会」で金融再生法とともに成立した金融機能早期健全化法。この法律に基づいて、九九年三月末に、一五銀行に対して七兆四五〇〇億円、九月末には四銀行に対して計二六〇〇億円の公的資金注入が行われた。銀行だけの優遇措置との批判もあるが、注入を受けた銀行には経営健全化への努力が強く要求される。

Q 破たんした銀行を処理するための金融再生法とともに成立した、同じく金融機関に適用される法律がありますね？

A 金融機能早期健全化法です。金融再生法によって破たんが決定的となった銀行を処理していくのとは別に、公的資金を注入するなどして経営基盤を強化し、不良債権の処理を促進していく、健全な銀行とするための法律といえると思います。

Q この日本の金融システム再生のための両輪ともいえる二つの法律は、ともに九八年秋の臨時国会で成立しました。この国会は、金融業界の建て直しを主な議題としていたため、「金融国会」と呼ばれていましたね。

当時、すでに日本長期信用銀行（長銀）の破たんはだれの目にも明らかでしたが、自民党は公的資金を投入して「破たん処理」を避けたいと主張して、野党と激しく対立しました。結局どう決着したか覚えていますか？

A 当時、自民党は夏の参議院選で惨敗していて、参院での過半数割れから、この「金融国会」では譲歩を重ねざるを得なかったという印象があります。

それで結局、野党案を「丸のみ」した形で、金融再生関連の二法案が成立したと記憶しています。

Q **その当時の国会運営で、自民党は政策課題ごとに手を組む相手を変えて法案成立を目指す「部分連合」という方法を採りました。ところが、これがうまくいかなかったので、それを反省して、九八年暮れには自由党との連立で合意し、九九年の通常国会では公明党とまで歩調をそろえるという、数による政治手法に突き進んだのでしたね。**

ところで、早期健全化法に基づいて、どんなことが行われたか知っていますか？

A 金融再生委員会によって九九年三月末に行われた、大手行と横浜銀行の全一五銀行に対する七兆四五〇〇億円にも上る公的資金の注入です。九月末には、計二六〇〇億円が足利、北陸、琉球の地銀三行と、第二地銀の広島総合銀行に対して行われました。

Q **公的資金というのは、つまり税金のことですね。銀行だけが、経営が行き詰まっても税金で助けてもらえるというわけですが、これをどう思いますか？**

A たしかに、そういう業界はほかにはありませんから、批判も多いと思いますし、個人的にも全面的に賛成という態度はとれません。

ですが、もし銀行が破たんすれば、そことの取引のある何千、何万もの会社が連鎖倒産を起こしかねません。最悪の場合、日本の金融不安をきっかけとした、日本発の世界恐慌の可能性もありますから、そうした事態だけは、どうしても避ける必要があるということだと思います。

それに公的資金を受けた銀行は、資本注入を申請したときに提出した経営健全化計画の実施状況を、三か月ごとに金融監督庁によってチェックされますから、経営も上向いていくはずです。

Q **その検査で、経営健全化計画の不実行、たとえば貸し渋りの増加やリストラの不徹底などが認められた場合は、業務改善命令が発動され、正していくことが求められます。一応は、政府の監視というヒモつきのお金なわけですね。**

では、金融機能早期健全化法のペナルティについては知っていますか？

A はい。たとえば、公的資金を受けた銀行が、自己資本比率が四％未満の過小資本になってしまった場合、代表権のある役員の退任を迫られることもあり得ます。

また、経営健全化計画にウソがあったりすれば、罰則を科せられる可能性もあります。

Q **金融機能早期健全化法は、各銀行の経営状態に合わせた対応ができるように考えられているというわけですね。でも、注入した公的資金は結局どうなるのでしょう?**

A もちろん、一%程度の利子を付けて、返済しなければなりません。三月注入分は一〇～一二年をかけて、九月の注入分は六～一〇年かけて返済する計画になっているはずです。

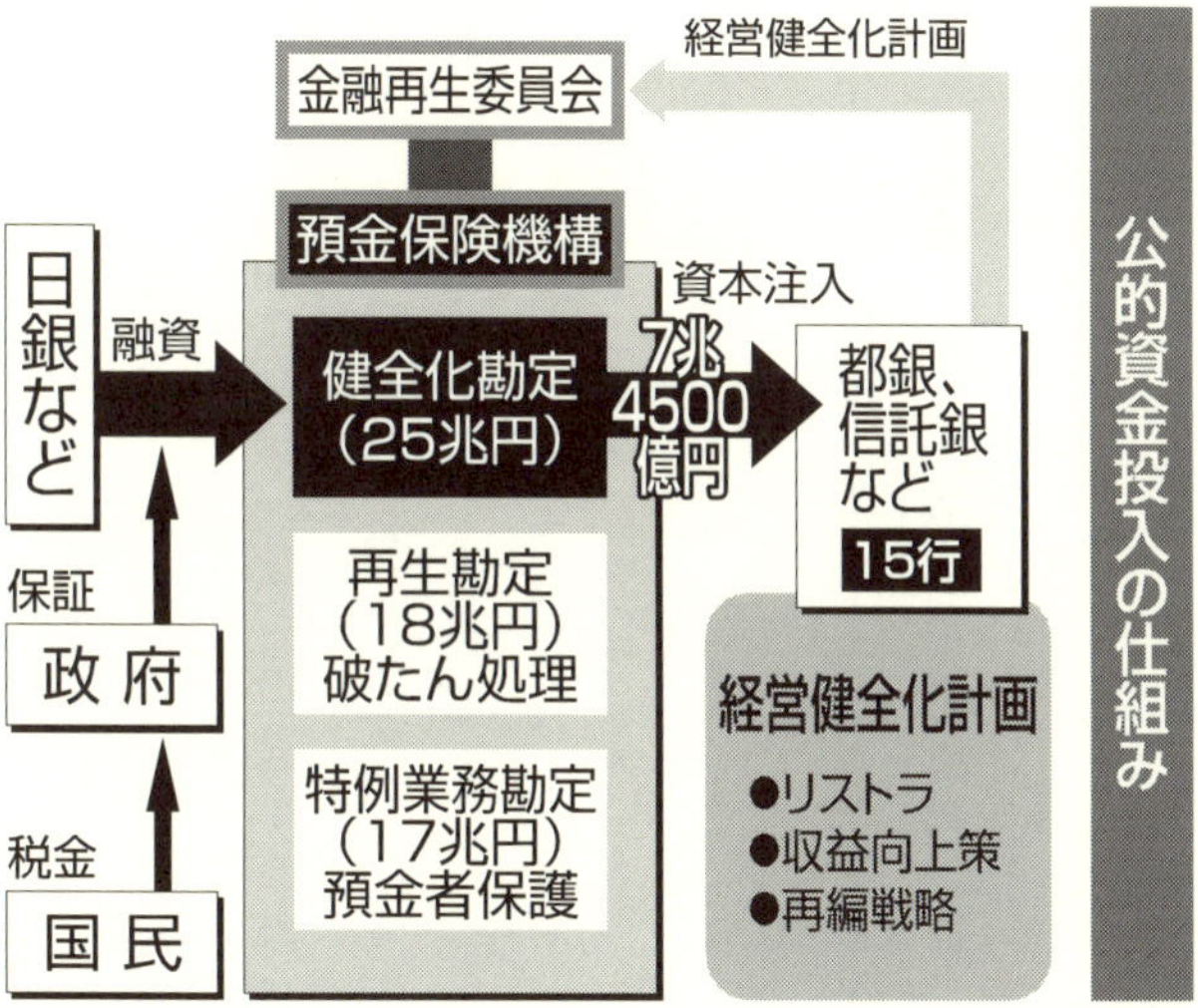

(東京新聞 99年2月13日より作成)

金融監督庁／金融再生委員会

住専問題をきっかけに持ち上がった大蔵省の財政と金融の分離論を受けて、九八年に誕生した金融監督庁と金融再生委員会。金融機関への平時の検査・監督を行うのが金融監督庁であり、破たん処理や資本注入といった特別な金融行政を担当するのが金融再生委員会とそれぞれ位置づけることができ、その役割はともに大きい。

Q **金融システム再生のための新司令塔として、九八年一二月に総理府に設置された金融再生委員会のことを知っていますか？**

A 金融再生委員会は、先に六月に発足していた金融監督庁を下部組織に従えて、金融再生法、金融機能早期健全化法を運用しています。閣僚である委員長と委員四人の組織で、公正取引委員会などと同じように、政府とは一定の距離を置いた独立委員会です。

Q **経営が悪化した銀行の破たんを認定したり、その後の処理や、いろいろな銀行に対する公的資金の注入を決定するのが、再生委の仕事です。いうなれば金融行政の大元締めというわけですね。**

では、金融監督庁の役割はなんですか？

A 以前、住宅金融専門会社問題をきっかけに、大蔵省の財政部門と金融部門を分離するべきだとの論議が持ち上がりました。それを受けて、大蔵省から銀行や証券会社、保険会社などへの検査・監督業務を分離し、当初総理府外局として独立したのが監督庁だったと思います。

破たん処理や資本注入といった、いわばイレギュラーな金融行政を担当するのが金融再生委員会だとすれば、金融機関への平時の検査・監督を行うのが、金融監督庁といえるのではないでしょうか。

Q **その金融監督庁が打ち出したのは、批判の多かった事前調整や業界保護に代表される従来の「護送船団」行政からの決別でしたね。つまり自己責任を基本とした「事後チェック型」行政への転換を目指したわけですが、これをどう思いますか？**

A それまでの、「銀行はひとつたりともつぶさない」という大蔵省のやり方が、破たん処理を先送りにし、その結果、処理コストを雪だるま式に膨らませたといえます。

その反省に基づいて、従来の行政からの転換を図ったという点では評価できると思っています。

Q **そのために監督庁が持った武器が「早期是正措置」の発動権です。これについてはなに**

か知っていますか？

A 資本不足になってしまった金融機関に、増資やリストラを命令したり、業務の縮小、合併・廃業などを選択させるのが早期是正措置です。幸福、東京相和の二行を破たん処理に結びつけたのはこの発動によるものだったと思います。

自己資本比率に基づく客観的な基準に基づいて、過少資本に陥った銀行には早期是正措置を発動し、再建策を描けない「不良銀行」の整理を進めるという方針を、金融監督庁がはっきりと示して、強い印象を受けたことを覚えています。

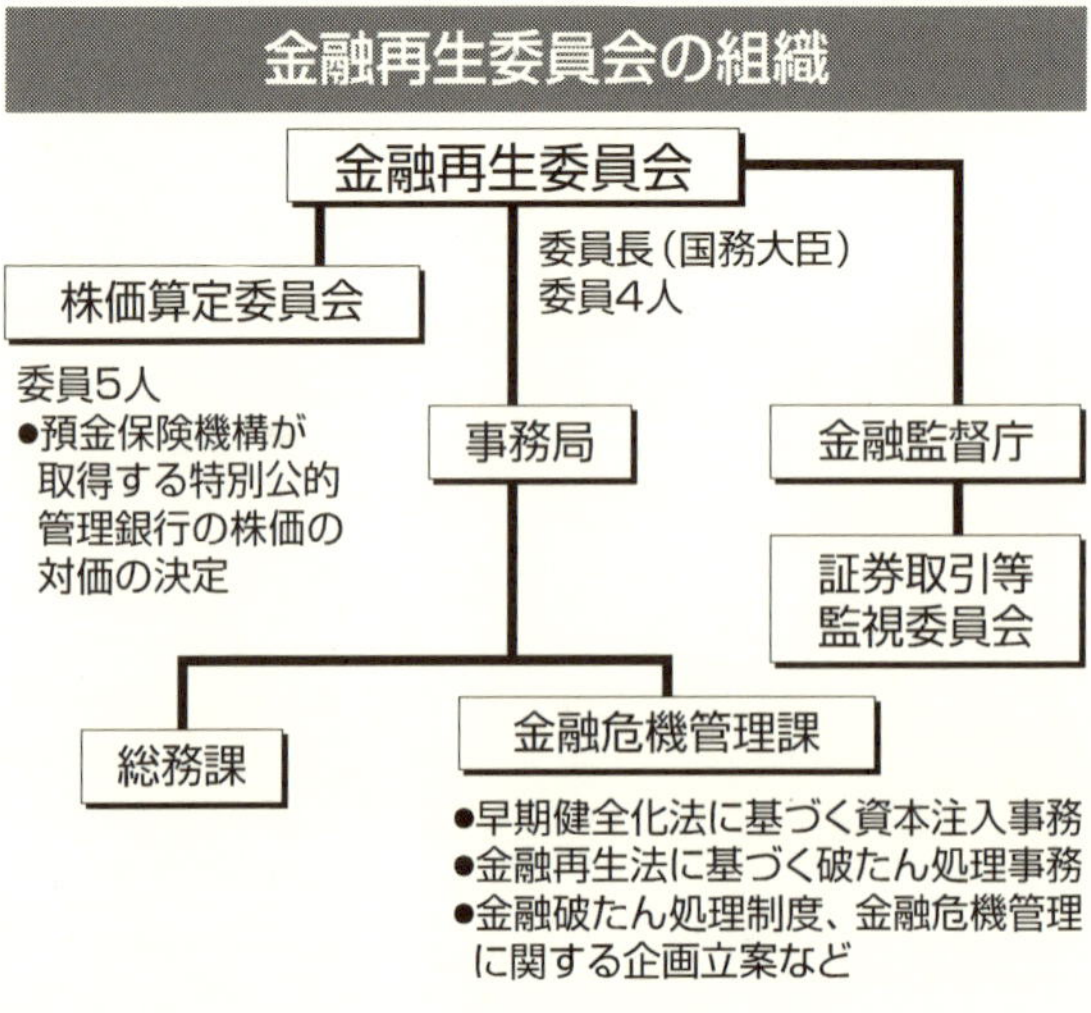

（読売新聞　99年1月13日より作成）

整理回収機構(日本版RCC)

九六年に設立された住宅金融債権管理機構(住管機構)と、同年、東京共同銀行が改組されてできた整理回収銀行とが合併して、九九年四月に発足した整理回収機構(日本版RCC)。旧組織から引き継いだ業務だけでなく、長銀や日債銀などの破たん銀行の不良債権も買い取って、その回収を一手に担っている。

Q 九九年四月に発足した、整理回収機構(日本版RCC)のことは知っていますね?

A たしか九六年七月に設立された住宅金融債権管理機構(住管機構)と、同じ年の九月に東京共同銀行が改組されてできた整理回収銀行とが合併したものだったと思います。

現在は、引き継いだ業務だけではなく、日本長期信用銀行や日本債券信用銀行など破たんした銀行の不良債権も買い取って、回収にあたっているはずです。

Q もともと、住管機構はバブルの象徴のようにいわれている住宅金融専門会社(住専)の債権を引き継いだものですし、一方の整理回収銀行も、北海道拓殖銀行など六銀行、東京共和や旧コスモ信組など三八信用組合の業務を引き継いだ会社でした。

ですから、破たんした金融機関の事後処理をする会社ふたつがいっしょになり、不良債権の回収を一手に担う新たな仕組みをつくったわけですね。

では、そのトップだった中坊公平さんについてはなにかご存じですか？

A 「平成の鬼平」と呼ばれていた方ですね。たしか、九九年八月二日の七〇歳の誕生日に、かねてからおっしゃっていたように、社長を退任されたと記憶していますが。

Q そうですね。その退任の弁は、「RCCの創業時代は終わり、自分が居座るのは権力化するおそれもあり、良くない」というものでした。

もともと、森永砒素ミルク事件被害者弁護団長や豊田商事破産管財人などで鳴らした弁護士でいらっしゃいますから、いまはそちらの法曹関係でご活躍のようです。もっとも、同機構の仕事からまったく離れてしまったわけではなく、社長退任後も顧問弁護士としてとどまっていますが。

ところで、あの方がなぜ「平成の鬼平」と呼ばれたのだと思いますか？

A 当時、土地の値段が下がって、担保価値が大きく目減りしていましたから、社長候補にあげられた財界や金融界の要人の多くが尻込みしたと聞いています。そんな中で、中坊さんだけが「よっしゃ」のひと声で社長を、それも無給で引き受けたということがあると思います。

Q **たしかに、いわば借金の取り立て役ですから、つらい役回りです。なかには返済に応じない悪質な借り手もいるでしょうからね。**

A にも関わらず、社長在任中の回収実績は四割を超えていましたし、また「悪質な紹介融資をした」として、富士銀、住友銀、関西銀にそれぞれ約一〇億一〇〇〇万円、三〇億円、二億円の賠償金を支払わせました。

つまり、人のいやがる困難な仕事を進んで引き受け、しかも都市銀のような大きな企業にも追及の手をゆるめない――そんな姿勢が、「鬼平」という呼び名の所以なのではないでしょうか。

最新トピックス

ナスダック・ジャパン

大蔵官僚の天下りが理事長を務める東京証券取引所では、新機軸を打ち出そうという意欲に欠け、新興企業育成に力を払っていないのが問題であった。そこに目をつけたのが、二〇〇〇年六月末に開設予定のナスダック・ジャパンだ。

日本のベンチャー企業の雄・ソフトバンクと全米証券業協会（ＮＡＳＤ）、大阪証券取引所が組んで開くこの新市場の特徴は、上場基準を緩和したこと。こうしたことで、ベンチャー企業の資金調達を容易にし、来世紀の日本を担う新興企業の独占をもくろむ。

もちろん、国内市場トップの東証もこのニュースを聞いて、ただ手をこまねいていただけではない。同様の特徴と目的を持つマザーズを立ち上げた。こちらは、すでに九九年一二月に取引が開始され、初日には上場二社に初値がつかないほどの加熱ぶりをみせている。

ペイオフ

破たんした金融機関の預金を全額補償する現行の制度は、二〇〇一年三月末までの特例措置にすぎず、翌四月からはペイオフが解禁される。元本一〇〇〇万円までしか預金を保証しないこの制度は、金融行政の流れに則ったものであるが、その解禁までに越えなければならないハードルも数多く存在している。

Q 銀行などの金融機関の破たんから、預金者を保護するために作られたシステムについて知っていますか？

A 預金保険機構のことです。銀行や信用金庫、信用組合、労働金庫などが加盟し、各金融機関から徴収する預金残高の〇・〇八四％の保険料を財源に、預金をカバーするしくみです。

Q たしかに現在は、破たんした金融機関の預金も、税金と、金融機関が預金保険機構に支払う保険料とで、全額が保証されています。しかし、この全額保証というのは、二〇〇一年三月末までの特例措置だということも知っていますよね？

A それ以降は、ペイオフ制度によって、いくらたくさん預金していても、現行では元本一〇〇〇万円までしか保証されません。それを超える金額は、破たんした金融機関の損失額に応じてカットされるということです。

しかも、保証されるのは普通、当座、定期預金のみで、制度対象外の金融債、ヒット、外貨預金などはまったく保護されないことになっていると思います。

Q

そのペイオフという制度は、七一年に導入されたものです。もともとは、この払い戻しをするために、同時に設立されたのが預金保険機構ですね。しかし、国内ではペイオフが実施されたことが一度もありませんから、機構の役割はもっぱら破たん銀行などへの資金供与となっています。

それにしても、なぜ一〇〇〇万円しか保証されないのだと思いますか？その額では困るという人も多いでしょうし、どうせなら、ずっと全額保護を続ければいいとは思いませんか？

A

いわゆるモラルハザードという問題があって、そうともいえないと聞きました。

すでに破たんしたいくつかの銀行でもあったと思いますが、経営が悪化して預金が流出すると、払えるはずもない高金利をエサにして大口定期預金を集め、それで資金繰りをするという手段に出る場合があるそうなのです。

しかし結局は、払えない高金利を払おうと、ハイリスクの投資を続けることなどで、傷口を広げてしまいます。その結果、破たん処理コストが膨らんで、最終的には納税者の負担も増えることになってしまうということです。

Q 預金が、元利とも全額保護される現在のシステムでは、再建が難しい経営状態の銀行も、そのようにして延命を図ることができるわけですね。どうせつぶれても、税金で尻拭いをしてくれるという考えなのでしょう。

つまり経営者は、延命さえできればそれでいい。それが、おっしゃるモラルハザードということですか？

A はい。それに加えて、預金者についても、とにかく高金利ならばそれでいいという考え方はよくないと思います。これもまたモラルハザード、倫理観が欠如していて、責任を他人に押し付けているわけですから。

Q なかなか厳しい意見ですね。そこで、自己責任の原則や市場原理を徹底させるためにも、ペイオフが必要だというわけですか？

A いまの金融行政の方向性は、都市銀行などに対する巨額の資本注入などでもわかるように、健全ではあるものの体力に不安がある銀行には、税金を注ぎ込んで盤石の経営基盤を築かせるというものです。その一方で、債務超過などで明らかに経営状態が悪い銀行には、市場からの退場を促したいことも明白です。

ペイオフが解禁されれば、預金が一〇〇〇万円までしか保護されませんから、預金者は、自分の預金を守るために、自己責任で危ない銀行を見抜かねばならなくなります。不健全であることを見抜かれた銀行は、人気がなくなって市場から淘汰されていくわけですから。

Q

つまり、ペイオフの解禁は、いまの金融行政の方向性に則ったものだというわけですね。

しかしいま、ペイオフについていちばん問題視されているのが、普通預金の口座などを使って、代金のやり取りをしている中小・零細企業への対策です。

金融機関が破たんしてペイオフが実施されると、いまの制度では当初二〇万円の仮払い金が出るだけですから、たまたま破たん直後に手形の決済を迫られた企業は、口座に資金があるにも関わらず、不渡りを出すことになってしまいます。

さらに、保証の上限である一〇〇〇万円程度が戻ってきても、資金繰りが上手くいくとは限らないでしょう。そうしたケースについてはどういう対応をすればいいと思いますか？

A

たしかに、もしペイオフが実施されたら、中小・零細企業や個人商店の連鎖倒産は避けられないと思います。政府は、企業が決済に使っている口座はペイオフの例外にするなどの対策を検討している最中ですが、最終的な形が決まるには、いましばらくかかるのではないでしょうか。

それ以前に、自己責任で預金先を選ぶといっても、ほとんどの銀行は満足に情報公開をしていません。ですから、まずは情報公開の徹底が、そうしたケースへの対応――というよりむしろ、そうしたケースを発生させないための第一歩なのではないかと思います。

超低金利時代

九四年の金利の完全自由化以降、超低金利時代が続き、さらに九九年春からは「ゼロ金利時代」ともいわれる。低金利のメリットには、企業の設備投資や個人消費の増大による景気への刺激に加え、金融機関の救済と株価の上昇がある。反面、生保各社を圧迫し、本来つぶれるべき金融機関まで救済してしまうデメリットも。

Q **以前は「規制金利時代」で、現在は「超低金利時代」といわれていますが、どういう意味か知っていますか?**

A 以前は、日本銀行が取引先の金融機関に対して資金を貸すときの金利、すなわち公定歩合を基に各金融機関の金利が横ならびで決まっていました。それが「規制金利時代」ということです。

しかし、九四年までに金利が完全自由化されて、いまは市場原理によって預金や貸出時の金利が決まっています。その結果、現在は「超低金利時代」ということになっていると理解しています。

Q **その公定歩合の上げ下げは、日銀の重要な**

政策のひとつです。市場原理が導入されたとはいえ、その上下は少なからず銀行などの金利に影響します。

現在は不景気ですから、各企業が資金を借りやすいよう金利を低めに誘導して、景気への刺激策としているわけですね。

ところで、現在の公定歩合は史上最低ですが、その数字は知っていますか？

A バブルの最盛期の九〇年八月の公定歩合は六％でした。それがその後、徐々に引き下げられて、九五年九月に史上最低の〇・五％となり、いまもこの超低金利が続いています。

Q **さらにいままでは、翌日物コール金利という金融機関同士の資金融通に関する金利について、「ゼロ金利時代」といういい方もされています。この意味はわかりますか？**

A 九九年の二月に、日銀が翌日物コール金利を低めに誘導することを決めました。翌三月には、これが〇・〇三％にまで下げられて、手数料を引くと実質利益がまったく発生しないので、「ゼロ金利時代」といわれているのだと思います。

Q **先ほどの話に戻りますが、金利が低いとお金が借りやすくなります。それによって企業の設備投資や個人消費をうながして、景気を刺激するというのが低金利を保っている目的ですね。**

そのほかにもなにか利点があると思いますか？

A はい。第一に金融機関の救済という点が挙げられると思います。

銀行本来の業務は、借りた資金をよそに貸して、その利ざやで稼ぐということですから、低金利のほうが利益が発生します。不良債権処理で汲々としている銀行でも、この業務での利益は過去最高を記録しているそうですから。

また、株価を押し上げるという効果もあります。

九九年春以降半年で、東証平均株価が五〇〇〇円近く上がりました。これは、ゼロ金利で儲けが出ないので、資金が株に流れた結果だと聞いています。

Q しかし、もちろんいいことばかりではありませんね。どのようなデメリットがあると思いますか？

A 低金利が、生命保険会社を圧迫していると聞きました。契約者に約束した保証利回りまで、運用実績が届かなくなってしまう「逆ざや」が、生保破たんを引き起こしつつあるようです。
また、本来なら放漫な経営でつぶれるべき金融機関まで、低金利のおかげで、助かってしまっているのは問題だと思います。これが逆に、金融システム全体の機能回復を妨げている面があることは、否定できないのではないでしょうか。

デフレスパイラル

市場に、必要以上のお金が出回る状態がインフレーション、お金が出回らなくなってしまう状態がデフレーション。戦後一貫してインフレを続けてきた日本経済だが、バブル崩壊をきっかけにデフレに転じ、さらに実体経済が縮小し続ける最悪のシナリオ・デフレスパイラルにも見舞われた。

Q インフレーション、デフレーションという言葉の意味は、当然知っていますね？

A はい。市場に必要以上にお金が出回って、物価がどんどん上がっていってしまうのがインフレーションです。

その逆に、お金が市場から少なくなって、物価が安くなっていくのがデフレーションです。

Q 基本的に日本の場合、戦後一貫してインフレ続きで、物価が上昇し続けていました。それが、いわゆるバブル経済にまで行き着いてしまったわけですが、その経緯をどのように分析しますか？

A 八〇年代半ば過ぎに、生産が需要に追いつかないほどの需要インフレになり、それが高じて、物価だけでなく土地や株などの資産価値も上がる資産インフレが起こりました。
その結果、土地や株などの資産に、実体をはるかに上回る価格が伴うようになってしまったということだと思います。

Q

そのバブルも結局はじけて、物価は急降下に転じました。それに伴い、限界まで膨らんでいた土地の価格も下がり始めました。つまり需要デフレ、資産デフレですね。
このバブルの崩壊で、もっとも大きな打撃を受けたのが、金融機関といわれています。なぜだと思いますか?

A

バブル時代に、土地を担保に金を貸し続けていたことがいちばんの原因だと思います。担保の資産価値が減ってしまうわけですから、銀行にとっての不良債権がどんどん増大していったのだと思います。

Q

それによって、九七年秋には、北海道拓殖銀行や山一証券など、大きな金融機関の破たんが相次ぎましたね。
そのころ、デフレスパイラルという言葉がよく取り上げられていました。景気悪化最悪のシナリオともいわれる、この言葉の意味は知っていますか?

A

バブルが崩壊して、日本人のほとんどが買い物を控えるようになりました。
ものが売れないと、その対策として、企業は値段を安くします。しかし、安売りでは利益が少なくなってしまいますから、それを解消するためにリストラや賃金カットが強行されます。
そうなれば、消費者はその不安から、さらに買い物を控えます。
すると、さらに安売り競争が始まり、

業績悪化 ← リストラ ← 買い控え ← 安売り

という悪循環が続いてしまい、実体経済がどんどん小さくなっていきます。これがデフレスパイラルだと認識しています。

Q **以前は、価格崩壊などといって、ものが安くなればみんなが買い物をして景気が回復するといわれていましたが、そうともいえないということですね。**
では、日銀のゼロ金利政策は、デフレに対してどういう効果があると思いますか？

A デフレは、市場にお金が出回らない状態です。日銀のゼロ金利政策は、借金をしやすくすることで、市場にお金が出回るようにする効果がありますから、デフレに歯止めをかけることができると思います。

GDP（国内総生産）

従来、国の経済状況を示す指標として用いられていたGNP（国民総生産）に対して、現在は、より実状に合った指標としてGDP（国内総生産）が主流となっている。そのGDPで、九九年度の政府経済見通し実質〇・六％成長が達成されそうな状況にあり、日本経済は最悪の状況を脱したとの見方が強まっている。

Q

経済企画庁の発表によると、九九年七～九月期のGDP速報は、前期に比べて一・〇％減少とのことでした。年率換算では三・八％減、三・四半期ぶりのマイナスですから深刻です。

まだまだ、景気回復の足取りは重いようですが、この数字をどう分析しますか？

A

国内需要が大きく落ち込んだのが原因だと思います。

個人消費は三期ぶりに減少し、前期は二桁の伸びを示した住宅も減税効果が薄まってしまいました。公共投資も息切れ状態でしたし、民間企業の設備投資も、昨年一～三月期から七期連続で前年同期比でのマイナスが続いてしまいました。

Q ただ、四半期でみれば減少でも、四～九月の半期でみれば前半期に比べ一・二％増で、二年半ぶりにプラスですね。堺屋太一経企庁長官は、「前期までの高い状態から、幾分低下したもので、景気全体は悪くない」といっていますが、どう思いますか？

A 九九年一〇～一二月期、二〇〇〇年一～三月期がともに前期比〇・三％減となっていても、九九年度の政府経済見通しの実質〇・六％成長は、達成可能ということですから、絶望的な状態というほどではないと思います。

Q 九八年度を通じた成長率は、前年度比二・〇％減で戦後最悪のマイナスでした。したがって、九九年度に政府見通しの〇・六％成長が実現できれば、それなりに最悪の事態は脱したと考えていいのでしょう。
ところで、国の経済状況を表す指標であるGDPとは、なにか知っていますか？

A はい。いわゆる国内総生産のことです。国籍を問わず、その国内に居住する人々すべてが、一年間に新たに作り出した生産物やサービスを数値化した総生産額をさします。

Q むかしはGNPという指標が主流でしたね。両者の違いはなんですか？

A GNPとは、国民総生産のことです。こちらは、住んでいる場所に関わらず、日本国籍を持つ人々が作りだした同様の総生産額のことです。

　ＧＮＰよりもＧＤＰのほうが、より実情に合っているということで、経済企画庁では九四年から、ＧＤＰをメインの指標として利用しています。

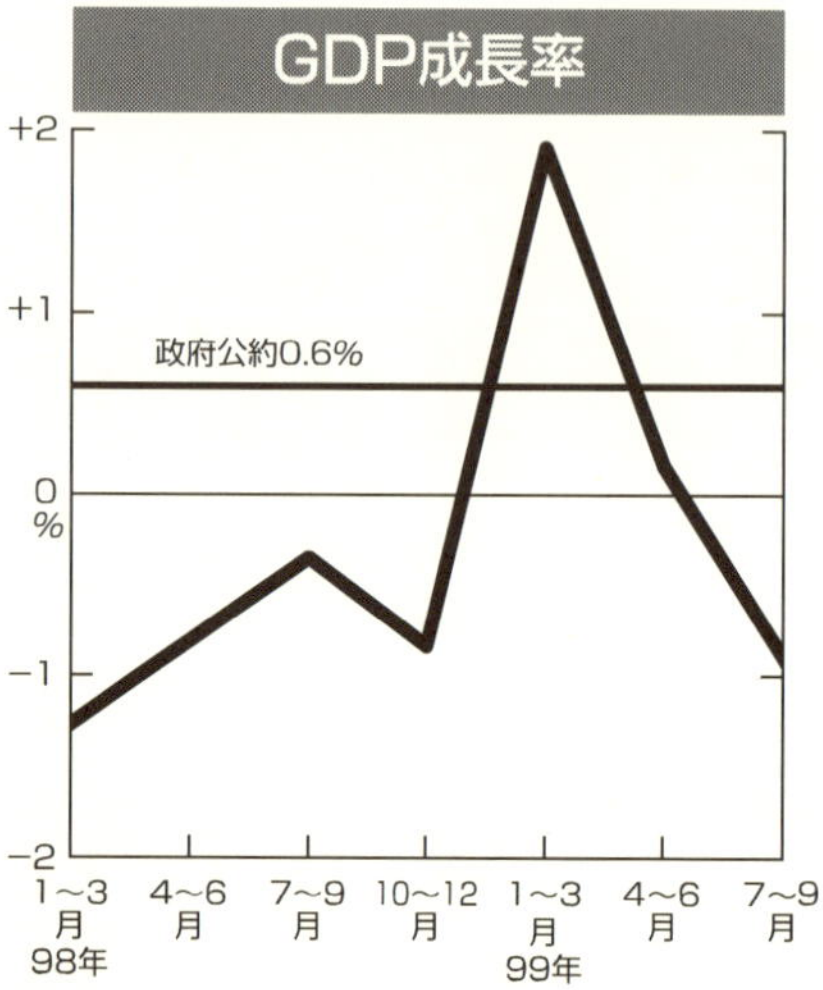

最新トピックス

通信業界再編成

　通信業界はいま、世界を被う新しい通信ネットワーク構築のため、世界規模での業界再編が進行中。当然、その動きには世界第二位の市場を持つ日本も含まれており、国内通信各社にも世界から食指が伸ばされている。

　米ＡＴ＆Ｔと英ブリティッシュ・テレコムの日本テレコムへの資本参加や、英ケーブル・アンド・ワイヤレス（Ｃ＆Ｗ）と国際デジタル通信（ＩＤＣ）との交渉はその一例。ただ、このＣ＆ＷとＩＤＣを巡る関係は九九年になって一大国際的事件へと発展した。

　じつは、ＩＤＣにはＮＴＴとの提携話もあり、Ｃ＆Ｗとの間でＩＤＣの買収合戦が勃発したのだ。いったんは、ＮＴＴ側へ針が傾くが、Ｃ＆Ｗは巻き返しに株式公開買付（株の買い取り希望を公にし、市場外で多数の投資家から買う方法）を行って対抗。結局、ＮＴＴが降りて、「Ｃ＆Ｗ　ＩＤＣ」が誕生した。

ゼネコン危機

大手ゼネコンとその下につながる中堅・中小の建設会社は全国で五六万社を数える。バブル崩壊以降の「ゼネコン冬の時代」にあって、大手銀行一五行に対して行われた総額七兆四〇〇〇億円を超える公的資金の注入は、ゼネコン救済のための「ゼネコン徳政令」ともいわれ、内外から批判を集めた。

Q 九九年春に、大手銀行一五行に対して総額七兆四〇〇〇億円を超える公的資金の注入が行われました。これは「ゼネコン徳政令」ともいわれましたが、どういう意味か知っていますか？

A バブル崩壊以降、建設工事の減少で収益力が急激に悪化し、「ゼネコン冬の時代」が長く続いていました。

ゼネコンとその下につながる中堅・中小の建設会社は、約五六万社もありますから、働いている人の数も膨大です。もし、ゼネコンがつぶれたりすれば、従業員の生活もままならなくなるでしょうし、地域経済に与える悪影響も無視できません。

ですから、この危機的状況をなんとかしなくてはなりませんでした。

そこで、金融機関もそれに応えてゼネコン支援策を出しました。その策が、この前の公的資金注入と表裏一体だったので、「ゼネコン徳政令」と呼ばれたのだと理解しています。

Q

たしかに九七年夏から数えて、五社もの上場ゼネコン（総合建設会社）が破たんしていますね。できればゼネコンはつぶしたくないのが政府の意向だったことは間違いないでしょう。

ただ、それが金融機関への公的資金注入とどうつながるのでしょう？

A

先ほど触れた金融機関が行った支援策というのが、ゼネコン各社に対して、持っている債権を放棄するというものだったからです。

この策を金融機関が受け入れた時期が、ちょうど公的資金注入の直前でした。

Q

つまり、借金の棒引きですね。一般人が借金を踏み倒したりすれば犯罪ですが、ゼネコンの場合は、政府の意向もあって、これが許されてしまったわけです。

このことについてはどう思いますか？

A

われわれの税金が、金融機関に救援のため注ぎ込まれて、それがそのままゼネコンに流れたわけですから、かなりの批判的な声があがったことを記憶しています。

私自身も、釈然とはしませんでした。

Q

結局、中堅ゼネコン四社を合わせて約七九〇〇億円の借金が棒引きになりましたね。内

訳は、青木建設が二〇四九億円、佐藤工業一二〇〇億円、長谷工コーポレーション三五〇〇億円、フジタ一二〇〇億円です。
その代わりに、ゼネコン側には、なにが課せられたか知っていますか?

A はい。借金がなくなる代わりに、今後の再建も銀行管理の下で行われることになったと記憶しています。つまり、それぞれの会社の経営実権は、メインバンクに取って代わられたわけです。

日産ゴーンCOO

最新トピックス

事業会社としては最悪級の二兆円近くの借金を抱える日産グループ。名門企業の名声も過去のものとなりかねない日産が、かつては「格下」と軽んじていたルノーの傘下に涙を飲んで入ったのが九九年三月のことだった。

これにより、「コスト・カッター」カルロス・ゴーン氏が日産の最高執行責任者(COO)となるべく、派遣されてきた。氏は、経営不振にあえぐルノーの上席副社長に就任するやいなや、部品調達の合理化やベルギー工場の閉鎖といった大胆なリストラを断行。急速に業績回復を果たしたという実績を持つ。

日産でも、氏は二万一〇〇〇人の人員削減や五工場の閉鎖など大胆なリストラ策を打ち出している。従来の日本企業にはない思い切った経営刷新策といえるが、これまで「売れる車を作る意識がない」と評されてきた日産を、はたして変えることができるだろうか。

M&A

昨今ますます増加している会社の合併や買収などのM&A。自社で一から事業を立ち上げたり市場を拡大しようとするよりも、他企業を買収・合併したほうが投資額も少なく、即戦力の人材やノウハウ、販路などが得やすいというメリットがある。さらに国際化が進む今後は、海外企業によるM&Aはさらに加速する勢い。

Q 最近、新聞などで盛んに会社が合併したとか、資本提携したといったニュースが報じられています。いわゆるM&Aですね。これにはどういう意味があると思いますか?

A 企業が、経営の多角化や新規事業の立ち上げを図ろうとする場合、自社で一から新事業をスタートさせるよりも、他企業を買収・合併したほうが便利だということだと思います。投資額も少なくてすみますし、即戦力となる人材やノウハウも得やすいからです。

Q あるデータによれば、九九年は外国企業による買収が活発化し、日本企業に関係したM&Aが急増したそうです。取引金額は、過去最高の記録だったバブル時代の八九年を超えて史上最高に上っているとのことですが、これをどう分析しますか？

A 外国企業が関係しているということは、どの企業も国際化を考えているということではないでしょうか。

「市場開放」や「経済の構造改革」が各方面で推し進められていますから、これへの対策として企業の合従連衡が盛んになっているのだと思います。

Q たしかにいまの日本は、「グローバル・スタンダード」という言葉が当たり前ですね。どの業種も、世界規模で市場を考えざるを得ない時代なのでしょう。

では、そうしたM&Aの具体的な例を挙げてみてください。

A 典型的な例としては、日産とルノーの資本提携があげられると思います。

Q そうですね。自動車業界は、世界規模で市場を展開せざるを得ない業種の最たるものです。九八年一一月には、独ダイムラー・ベンツと米クライスラーが合併し、続いて、九九年一月には米フォード・モーターがスウェーデンのボルボの乗用車部門を買収しました。そして仏ルノーと日産の提携決定は九九年三月のことで、まさに矢継ぎ早という感じで、大陸を越えた業界再編が進んでいます。

こうした動きは、日本のほかの自動車メーカーに対しても影響を与えていると思いますか？

A　もちろんです。いすゞ自動車とスズキは、世界最大の自動車メーカーである米ゼネラル・モーターズの出資比率引き上げを受け入れました。また、日産グループの一員だった富士重工も、グループを離れゼネラル・モーターズと資本提携しました。マツダもフォード傘下で子会社色を強めているといっていいと思います。

Q　そうなると、むしろ世界的に見ても、日本のメーカーへのM&Aが集中しているように思えますね。なぜだと思いますか?

自動車業界の場合、アジアは来世紀には巨大な市場となることが確実視されています。そのための生産拠点の確保という意味もあるのではないでしょうか。

最新トピックス

初の女性CEO誕生

九九年七月、米国の大手老舗エレクトロニクスメーカーであるヒューレット・パッカード社の社長兼CEOとして、カーリー・フィオリーナ氏が就任した。終身雇用的な社風から日本的と評されるHPだが、この人事は決して日本の会社ではあり得ないだろう。

なにしろ、氏は見目麗しい女性（セクハラか?）であり、しかも四四歳という年若さ。男女平等とは名ばかりであり、年功序列の神話も崩れたとはいえ、いまだがちがちの古い因習に縛られがちな日本企業では、到底考えられないことだ。

もっとも、氏の実績は筋金入り。その実力は以前、社長を務めていた会社で二〇〇億ドル以上の売上げをあげたことから、フォーチュン誌で米国産業界において、もっとも強力な女性として取り上げられたというエピソードが物語っている。

第3章

外交・防衛

九州沖縄サミットのロゴマーク発表　写真提供：PANA通信社

沖縄サミット

二〇〇〇年夏には、九州・沖縄でサミットが開催される。日本初の地方開催となるが、これは沖縄基地問題に対する小渕首相の強い決意の現れだという。その結果、九九年末には名護市が米軍普天間基地の移転受け入れを表明。一応の基地問題解決への筋道はついたことになるが、完全解決に向けては、まだまだ紆余曲折がありそうだ。

Q 二〇〇〇年七月二一日には、沖縄でサミット（主要国首脳会議）が開催されます。これまで何回か日本でサミットがありましたが、初の地方開催ですよね？

A はい。正確には九州でも分離して開かれますので、「九州・沖縄サミット」といいます。

首脳会議が沖縄県名護市で、同時に行われる外相・蔵相会議の場所は、福岡県福岡市と宮崎県宮崎市となりました。

たしかに、過去三回の日本サミットはすべてが東京を会場としています。警備のしやすさや、アクセスの便のよさを考えると、やはり東京がいいらしいのです。

Q **それが今回、沖縄に決まったのは小渕恵三首相の強い意向からと聞いています。当初、外務省が候補地としてピックアップしたのは大阪、福岡、宮崎の三都市と、沖縄は入っていなかったんですが、逆転して決定しました。なぜ、小渕首相はそんなに沖縄を推したのでしょう？**

A それはもう、懸案である沖縄の基地問題の解決に対する政府の強い決意を示すためでしょう。とくに、米軍普天間飛行場の移転問題を、どうしても九九年のうちに解決したかったはずですから、「サミット開催決定」を決着へのテコとしたかったのだと思います。

Q **九九年一二月末には、沖縄県名護市の岸本建男市長が、普天間基地の移設受け入れを表明しました。政府の思惑どおりの展開となったわけですよね？**

A まだまだ問題は山積していますが、一応の筋道はついたようです。日米両政府が、普天間返還で基本合意したのは九六年四月のことでしたから、三年八か月ぶりに解決に向けて大きく動き出したことになります。

Q **たしか、沖縄の基地問題が大きくクローズアップされてきたのは、九五年九月に起きた米兵による少女暴行事件からですよね。この悲しい事件をきっかけにして、沖縄県民の間で反基地、反日本政府感情のうねりが生じてきました。その経緯を説明してください。**

A その世論の後押しを受けて、当時の大田昌秀沖縄県知事が、九六年春に「象のオリ」と呼ばれる楚辺通信所の米軍使用を認める代理署名を拒否。政府との対決姿勢を強めたのです。

対して政府は、こうした沖縄問題が日米安保体制を揺るがしかねないと判断。しかも、大田知事がサインをしてくれないことには、楚辺通信所は無権限使用となってしまいます。そのため法改正という手段に出ました。

Q それが、当時の橋本龍太郎政権が、九七年三月に国会に提出した、在日米軍基地施設の土地使用、収用を定めた駐留軍用地特別措置法（特措法）の改正案ですね。翌月、成立させて代理署名がなくても土地を使えるようにしました。ずいぶん乱暴だとは思いませんか？

A しかし、政府はその一方で、そうしたごり押しだけでなく、本格的に基地問題解決に取り組む姿勢も示しています。九五年の一一月には基地の整理縮小について話し合うため、日米間に「沖縄日米特別行動委員会（ＳＡＣＯ）」、国と沖縄県の間に「沖縄米軍基地問題協議会」を設置しました。

Q そうしたいくつかの方策が結実したのが、先に述べた九六年四月の普天間基地返還の基本合意ですね。その後、一二月に出たＳＡＣＯの最終報告でも、沖縄にある米軍基地の二一％にあたる五〇〇〇ヘクタールを五～一二年以内に返還することなどが決まりました。

この最終報告に盛り込まれた、基地の返還や日米地位協定の見直しなどで、沖縄問題もいったんは、沈静化するようにみえたんですが……？

A 今度は、普天間基地の代わりに作る代替施設の件で衝突してしまいます。当初、名護市のキャンプ・シュワブ沖に海上ヘリポートを作るという案が出ていました。

しかし、当の名護市で九七年一二月に市民投票が行われて、建設反対が多数を占めたのです。この結果に配慮した大田知事が、海上ヘリポート反対を表明。国との関係悪化は最高潮に達します。

Q このとき、政府・自民党は意に沿わないからといって、沖縄に対する振興策の「沖縄振興開発特別措置法改正案」を棚上げにしました。沖縄県の経済的自立促進を目指し、産業、雇用創出を促すための諸措置を盛り込んだ法案だったのですが……？

A この改正案は、税制上の優遇措置を目玉とする、過去に類をみない一国二制度的な法律だったのです。しかし、「基地を受け入れなければ、振興策もご破算にする」という感じで、これを一時凍結しました。

Q その改正案はどのような内容ですか？

A 「特別自由貿易地域」を設定し、そこの企業の実質的な税負担を現行の三分の二程度に削減したり、特定免税店を空港内に新設、国内の旅行客も輸入品を免税店並みの価格で購入できたりするなどの画期的なものです。

もっとも、この直後に名護市長選が行われ、米軍海上ヘリポート建設推進派が支持した岸本建男氏が当選したことで凍結は解除。九八年三月には法案成立までもっていっています。

Q **そうでした。話を少し戻しますが、大田知事が海上ヘリポート案に反対したあと、どうなっていくのですか？**

A 九八年の一一月に沖縄県知事選があったのですが、ここで変化がありました。当選したのが、県外移転を主張した現職の大田氏ではなく、海上案には反対しつつも「代替施設として本島北部に軍民共用の陸上空港建設」を公約にした稲嶺恵一氏だったのです。

Q **基地推進派の知事が誕生したことにより、小渕恵三首相はすぐさま一〇〇億円規模の「沖縄特別振興対策調整費」などを約束しました。ようやく、関係改善がはじまったのですね？**

A そうかと思えば、今度はこの状況変化を受けて、県内のあちらこちらが基地移転先に手を上げるという奇妙な状況になったのです。たとえば、沖縄商工会議所は与勝半島沖を埋め立てて、民間航空機の整備場にヘリポートを併設する案を出しました。

Q **おかしな状況ですよね。そのほかにも、同半島沖に浮かぶ勝連町・津堅島の住民が、本島との架橋などを条件にヘリ基地建設を求める組織を結成したり、さらにはそもそも移転する普天間基地がある宜野湾市も、市議の一部とはいえ案を出しました。現状の市街地寄**

りの場所から、同市西海岸沖への移設を提案していますす。理由として、なにが挙げられますか？

A 基地を受け入れれば、振興対策費がもらえる、と考えたのでしょう。大田前県知事時代にはなかった振興策の取り合いという危険な展開だと感じました。

Q そういう面があったことは否定できませんが、結局は名護市辺野古地区のキャンプ・シュワブ周辺に移転することになります。いろいろな意見が出ましたが、形としてはいちばんはじめの案に戻ったわけですよね？

A 住民投票では移転について反対でしたが、その後の市長選では推進派の岸本氏が当選していること。稲嶺知事の後援会員でつくる「政策委員会」が辺野古を推していることなどが理由でしょう。

第一、米軍の運用条件に合うのがここぐらいしかないのです。いろいろやっていましたが、候補地選定作業は「デキレース」だったかもしれません。

Q 名護市は、受け入れに際していくつかの条件を挙げました。これが守られるかどうかが、今後の問題点といわれていますが……？

A 北部地域振興策への国の支援や、自然環境への対策を講じること、米軍使用期限を一五年とすることなどの条件のことですね。なにしろ、これらが満たされない場合は「移設容認を撤回する」というのですから、問題は小さくありません。

Q **今後一〇年間に毎年一〇〇億円、計一〇〇〇億円を充てるという振興策をはじめ、ほとんどの条件については、表明後わずか一日で政府が閣議決定させた、一連の代替施設建設を進める対策に、ほぼ全面的に盛り込まれました。それなのに、まだ問題が残るというのですね？**

A 使用期限を一五年と区切っていることが、いちばんの問題なのです。稲嶺知事の選挙公約であり、「基地の固定化」という批判をかわしたい市や県にとっては外せない条件なのですが、米国側が強く反対しているのです。

こうしたことから、閣議決定では「米政府との話し合いの中で取り上げる」と明記しました。ところが、二〇〇〇年一月に訪米した瓦力防衛庁長官は、コーエン国防長官との日米防衛首脳会談で、この問題を自ら先送りするような姿勢でいたというのです。

Q **あれは、ひどい態度でしたね。沖縄県民に対してまったく無礼な態度であり、しかも米国の出方をみる前から、進んでお伺いを立てたということですから、話にもなりませんよね。「話し合い」を明記した閣議決定さえも無視されたわけですが、どう思いますか？**

A 相変わらずの日本の弱腰外交ということでしょう。外交で失敗して「一五年期限」を米国に受け入れさせることができなくても、「振興策凍結」をちらつかせれば、沖縄に「移設容認を撤回」を撤回させられると思っているような気がします。

スポーツ／芸能ミニミニ事典1

●二〇〇八年五輪招致活動●

日本は二〇〇八年の夏季大会に大阪市が招致の立候補をしています。しかし、アジアからは北京市が立候補しています。中国はまだ未開催でもあり、大阪にとっては強力なライバルとなりそうです。ほかにも、パリなど一〇都市が立候補をしています。今回からはIOC委員が各都市を視察することは認められていませんから、PRも工夫が必要です。

日本が初めて参加したのは一九一二年のストックホルムで行われた第五回大会からです。また、日本で開催されたのは一九六四年の東京で、アジアで最初のオリンピック開催となりました。その後、日本では冬季オリンピックが二度（一九七二年・札幌、一九九八年・長野）開催されています。

スポーツ／芸能ミニミニ事典2

●オリンピックの発祥と歴史●

オリンピックはフランスの教育学者ピエール・ド・クーベルタン男爵が中心となって、古代オリンピックを現代に復活させるという目的ではじめられたものです。

第一回オリンピックが開催されたのは一八九六年でギリシアの首都アテネでした。ギリシアで開催された理由は、古代オリンピックが古代ギリシアで紀元前七七六年から紀元三九三年まで、四年ごとに二九三回も開催されていたからです。当然、競技や種目には違いがありますが、オリンピック競技を一九世紀の末にクーベルタン男爵が復活させたのです。そういったこともあり、とくに区別して近代オリンピックというい方をすることもあります。

W杯日韓共催

日韓共催のW杯サッカーの決勝戦が行われるのは、二〇〇二年六月三〇日の横浜市の横浜国際総合競技場でのこと。史上最多の一九八か国・地域が参加する世界最大のスポーツイベントのフィナーレだ。二〇〇〇年三月には大陸ごとの予選がはじまっており、このフィナーレへ向けた戦いは、すでにはじまっている。

Q 二〇〇〇年の元日に、テレビで小渕恵三首相と韓国の金大中大統領が、日韓両国民に向けて両国の友好親善を呼びかけていました。はじめての試みということですが、なぜこうなったのでしょう?

A その新年のメッセージは、新しいミレニアムを記念して、「二一〇世紀の不幸な時代を克服し、二一世紀の友好親善をスタートすることを映像を通じて両国民に伝えたい」と金大統領が、九九年一一月に行われた日韓首脳会談で提案していたものです。

Q 「二〇世紀に日韓の間で起こった不幸と葛藤をきれいに清算したい」と金大統領もコメントしていましたし、いよいよ新しい日韓関

係がはじまる予感がしますよね？

A はい。日韓新時代にふさわしく、二一世紀に入ってすぐ、二〇〇二年にはW杯サッカー日韓共催が控えています。

小渕首相も「大切なパートナー」と韓国を位置づけ、「大会を成功させるとともに、多くの交流を通じ、確固とした信頼を築くことが大切だ」といっていました。

Q W杯サッカーといえば、世界最大のスポーツのイベント。しかも、アジアで初、二一世紀初、二か国共同開催が初と、初物尽くしの大会です。是非、成功させたいですよね？

A もちろんです。でも、じつはW杯ははじまっているのも同然です。

予選期間は、二〇〇〇年三月一日から二〇〇一年十一月末まで。ですから、すでに世界の至る所でW杯への戦いの真っ最中であるわけです。

今度のW杯には、史上最多の一九八か国・地域が参加。その中から、本大会でゲームができる国はたった三二か国でしかありません。開催国である日本と韓国、あと前回の優勝国フランスは本大会への出場が決まっていますので、事実上二九の枠を争っているわけです。

Q 決勝戦を日本で、開幕戦と三位決定戦を韓国でやるのでしたよね？

A 二〇〇二年六月一日に韓国で開幕、同月三〇日に横浜市の横浜国際総合競技場で、決勝戦が行われることになりました。そのほか、札幌市、宮城県、新潟県、茨城県、埼玉県、横浜市、静岡県、大阪府、神戸市、大分県などの会場で、世界のサッカーを楽しむことができます。

スポーツ／芸能ミニミニ事典3

●オリンピックの組織運営●

オリンピックはＩＯＣ（国際オリンピック委員会）総会で、次期の開催や運営についての詳細が決定されます。また、それとは別にＩＯＣが主催する、オリンピックコングレス（五輪全体会議）と呼ばれるものがあり、オリンピックそのものの将来や、運動の直面している諸問題（招致に関する問題など）を検討する会議があります。また、オリンピックの開催権は国家ではなく、都市に与えられます。

ＩＯＣの使命としては、「スポーツの基盤である肉体と道徳的資質の発展を推進する、スポーツを通じての国際間の相互理解と友好の精神にのっとって、平和な世界の建設」といったものが掲げられています。

ミニマムアクセス

ガットの協定を見直すため、加盟各国が話し合ってきたウルグアイ・ラウンドでは、モノ以外のサービスや知的財産権にも交渉範囲を広げ、農業分野にも原則関税化を導入するなど、いくつかの成果を上げている。しかし、世界の貿易ルールづくりはまだはじまったばかり。さらなる、話し合いが望まれるが、次期ラウンドを統括すべきWTOの閣僚会議が九九年暮れに決裂してしまった。新世紀の貿易ルールはどうなるのだろうか。

Q かつて、日本は「コメは一粒たりとも入れない」といっていました。しかし、これもむかしの話。現在では、コメの輸入も自由化されています。どういう経緯でですか？

A 自由化がなされたのは、九九年四月一日からです。その前月に、新食糧法の一部改正案が成立して、関税さえ支払えば、自由にコメを輸入できるようになっています。

これにより、コメの関税化がスタートしました。税金の額は、初年の九九年度が一キロ当たり三五一・一七円、二〇〇〇年度は同じく一キロ三四一円となります。

Q もっとも、税金さえ払えば自由に輸入できるようになったのが、このときというだけで、すでにコメの輸入自体は九五年からはじまっていましたよね？

A 九三年一二月のウルグアイ・ラウンド（多角的貿易交渉）の農業合意で、六年間の猶予期間を条件に、コメの関税化と市場開放を政府が受け入れていたからです。

戦後農政の大転換が図られたわけで、これに基づき九五年から輸入がはじまりました。

Q このときの合意では、六年間の猶予期間が設けられていたのですから、関税化のスタートは九九年からではなく、二〇〇〇年からでいいのではないですか？　一年前倒しされていますが？

A ええ。しかし、この猶予期間はただ黙って猶予されているわけではなく、ミニマム・アクセスといって最低限輸入しなければいけない数値が設定されていたんです。

ただちに関税化しない代わりに、最初の九五年に三七万九〇〇〇トン、六年後には七五万八〇〇〇トンへの輸入拡大が義務とされていました。

このミニマムアクセスがあるため、関税化を前倒ししたほうが、毎年〇・八％の輸入拡大幅が〇・四％に軽減されるなど、かなり楽になるのです。

次期ＷＴＯ（世界貿易機関）交渉がはじまる二〇〇〇年以降を考えた場合、このほうが有利と政府は考え、繰り上げスタートしたわけです。

Q ここで、ウルグアイ・ラウンドやWTOといった新語が出てきました。説明してください。

A まず、ウルグアイ・ラウンドですが、モノの貿易の自由化を図るために四八年に発足した組織で、ガット（GATT・関税貿易一般協定）というものがあります。これに基づいて、高関税などの貿易障害を低くしようと、加盟各国が話し合うことを「ラウンド」といいます。

八六年九月、ウルグアイのプンタデルエステで、ガット発足より都合八回目のラウンドがはじまりました。これが、ウルグアイ・ラウンドです。知的所有権やサービスなど、はじめてモノの貿易以外の新分野について、踏み込んだ折衝が行われたのが特徴でした。

Q もっとも、このウルグアイ・ラウンドは九三年一二月に最終協定案が採択されていて、すでに終わっています。

さっき話題に出た日本のコメの輸入関税化というのは、この最終協定の農業合意に含まれていたのですよね？

A 農業分野というものは、日本だけではなく多くの国も保護的な政策を採っています。これを原則関税化にしたのも、ウルグアイ・ラウンドの特徴といっていいでしょうし、日本もそれに従ったわけです。

Q ガット主導のラウンドは、こうしたいくつかの成果を出しているのですが、問題がないわけではありませんよね？

基本的にガットが国際的な機関ではなかったので、基盤が弱いという指摘もありましたが……？

A その反省から、九五年一月に国際機関として新たに設立されたのがＷＴＯです。次のラウンドは、ＷＴＯ主導で行われることになっています。

九九年二月の時点で、一三二か国・地域が加盟。紛争処理機関を備え貿易裁判所的な機能も強化されました。かつて、米国などは通商摩擦があった場合、不公正貿易国を一方的に判断し制裁を加えていましたが、ＷＴＯ発足後は二国間の摩擦はＷＴＯの紛争処理手続きの下で解決される事例が増えてきています。

Q そのＷＴＯがリードする次のラウンドが、二〇〇〇年一月にはスタートするはずでした。ところが、九九年一一月末に行われた米シアトルでの閣僚会議がその最終日に至って決裂してしまいました。

このアクシデントにより、新ラウンドの開始は二〇〇一年一月の米次期政権発足以降に、少なくとも一年以上先送りされる可能性が出ています。なぜ、交渉は決裂してしまったのでしょうか？

A いくつかの理由が考えられますが、まず会議が日米欧の先進国主導で進められたことに対する、途上国や非政府組織（ＮＧＯ）の反発があります。

また、全会一致による意思決定方式の採用という制度的な問題もあるでしょう。

さらには、議長国の米国の指導力欠如という問題もありました。しかも、米国は宣言案をまとめる最終段階で、反ダンピング措置の取り扱いなど、一部の分野で自国に有利なように強引に修正しようとし、各国の反発を招いたわけです。

Q

これで、新ラウンドは先送りされてしまいましたが、いずれにせよ農業とサービス貿易についてだけは、前回のウルグアイ・ラウンド合意で二〇〇〇年一月から交渉がはじまることが決まっています。日本はどうなると思いますか?

A

当初、日本は新ラウンドを、多くの分野を対象とした包括交渉とするつもりでした。国内的には、後退としかいえないコメ市場開放受け入れなどをした農業分野を突出させず、いろいろなことをトータルに話し合っていく作戦だったのです。

これが駄目になったわけで、日本は苦手の農業分野について、丸腰で挑まなければならなくなってしまいました。もしかしたら、来世紀も防戦一方の交渉になってしまうかもしれません。

国際収支

国の国際的な経済取引の結果を示すのが「国際収支」。モノの輸出入のバランスや旅行などのサービスを表す「経常収支」と、有価証券の売買などを表す「資本収支」に大別される。「経常収支」の黒字も「資本収支」の赤字も、縮小傾向にあるのがいまの日本の現状だ。

Q

ある国が、たとえば日本が一定期間に諸外国と行った商売の勘定のことをトータルに「国際収支」といいます。よくこの「国際収支」のことを「すべての貨幣の受け取りと、支払いの勘定」などと解説していますが、これについてもう少し説明してください。

A

「国際収支」は、海外との貿易やサービス取引などの状況を示す「経常収支」と、海外との直接的なお金の取引を表す「資本収支」のふたつに大別できます。「経常収支」は、たとえば外国から石油やパソコンなどの商品を買ったり、海外旅行をする人が増えたりすれば、マイナス方向へ数字が行きます。

一方の「資本収支」は、株などの貨幣的な資産のやり取りのことです。たとえば、日本の会社の株が外国に買われれば、黒字になりますし、逆に日本が外国の株を買えば、赤字になります。

Q **大蔵省が九九年五月に発表した九八年度の国際収支状況の速報によると、経常収支の黒字額は一五兆二二七一億円。過去最高の黒字であった九二年度の一五兆三二九億円の記録を更新していますね？**

A 日本は、八五年ごろから大幅な黒字を記録していたんですが、九四年からは円高の影響などで、縮小基調へ転じていました。円高でモノが売れなくなったわけです。ところが、九七年度からは再び増加に転じ、九八年度は過去最高という流れです。

Q **ところが、九九年上半期の黒字は前年同期に比べて二一・六％減って六兆五一九〇億円、九八年度下半期に続き二期連続で前年度実績を下回った、と大蔵省は発表していましたが……？**

A 景気が悪いので、輸入も減っているのですが、さらに欧米向けの車や事務用機器などの輸出が減っているので、黒字圧縮になったようです。

また、一方の「資本収支」についていえば、九〇一八億円の赤字でした。それでも、前年同期に比べれば九兆九四六七億円も赤字幅を縮小しています。日本の景気回復への期待と、米国株の過熱感から、日本株への投資が拡大したようです。

日米新ガイドライン

米ソ対立下での日本有事を想定して策定されていた日米ガイドラインが、冷戦後の世界情勢変化を受けて再定義されたのが九七年九月のこと。朝鮮半島や中国・台湾間の緊張を考慮し、日本の平和を冒すおそれのある「周辺事態」にも日米両国で対処するという概念が新たに加えられたのである。その新ガイドラインに関連する二法一協定が、九九年五月に自自公などの賛成により成立。戦争をはじめるための法律ではないのか？ 今後の動向にも厳しくチェックをしたい。

Q 日米新ガイドラインが、九九年五月に参議院で成立したとき、賛成したのは自民、自由、公明の三党に、参院の会、二院クラブ・自由連合でした。では、反対したのは？

A 反対したのは、共産、社民の二党です。民主党は、周辺事態措置法には反対しましたが、改正自衛隊法と日米物品役務相互提供協定の改定には賛成しました。

Q 日米新ガイドラインとは、正式名を「日米防衛協力のための指針」といい、これ自体が

法律というわけではありません。では、その実体はなんでしょうか？

A 日米新ガイドラインという言葉がさすのは、日本の有事の際の自衛隊と米軍の役割分担に対する基本的な方針のこと。その新ガイドラインに関連した法律、二法一協定を、九九年の五月に決めたわけです。

Q **それが、周辺事態への対応を定めた周辺事態措置法と、平時想定の日米物品役務相互提供協定を周辺事態にも適用する同協定改定案、それに邦人救出に自衛隊艦船派遣を認める改正自衛隊法の三つというわけですよね？**

A 米軍に対する後方地域支援や、米兵らの捜索救難、自治体の協力義務規定などについて決めているのが周辺事態法です。当初は、国連決議に基づく自衛隊による船舶の検査も盛り込まれていたのですが、衆院段階での修正協議で削除されました。

自衛隊と米軍で物品と役務を相互に提供しあうことを決めているのが、九六年に日米で締結された日米物品役務相互提供協定。国連平和維持活動や国際緊急援助活動などのとき、武器の部品や食料品、輸送、通信などをやり取りしあおうというものです。これは、平時想定だったのですが、周辺事態にも適用するよう改正しました。

自衛隊法では、前回九三年の改正で外国で紛争などがあった場合、自衛隊が航空機を使って在外邦人の救出活動をできるよう定めています。これを今回の再改正で、船の使用もオーケーにしました。また、身を守るために、

「拳銃、小銃または機関銃」と限定ですが、自衛官の持てる武器を決めています。

Q

じつは、この自衛隊法にはひとつ問題がありました。本来ならば、前回の改正で可能となった航空機による救出にしても、閣議決定を経ることが条件であったのに、それをうやむやにしていたことですが、説明してください。

A

「準備行為」のことですね。政府は九七年のカンボジア紛争や、九八年のインドネシア暴動で、閣議決定なしに自衛隊機を派遣。これを「準備行為」と称していました。しかし、これについても今回の改正で閣議決定を新たな実施方針に盛り込んでいます。

Q

「米国がはじめた戦争に、否応なく協力させられる」といった論調で、新ガイドライン関連法の問題点が指摘されていましたが……?

A

それは、この「周辺」の定義があいまいなことからきています。やはり、これがいちばんの問題だと思います。まず、政府は「周辺事態は地理的概念ではない」といっています。つまり、地球上どこで起こった有事でも、自衛隊が出ていく可能性があるわけです。

しかも、「日米両国政府が各々の国益確保の見地から主体的に判断する」ともいっているのですが、米国の決定に反し「主体的」な判断ができるかどうかも、怪しいところでしょう。米国のいうがままに、地球の裏側へ自衛隊が戦争に行くかもしれません。

Q その懸念を裏付けるような事件が、ちょうど国会で新ガイドラインが話し合われているときに起こりました。米軍中心のNATO軍によるコソボ空爆です。このときの日本の対応は？

A このケースに対する日本政府の対応に、不満を抱いた人は少なくなかったはずです。じつは、コソボ空爆には日本がいちばん大事に思っている国連安保理による決議がありませんでした。にも関わらず、日本政府は米国の決定にただ追随し、「理解する」との立場をとったのです。

政府は、当事者でないことを理由に、この問題に対して「法的評価を下すことはできない」などといっていました。しかし、これは主体的な判断を放棄したとしかいえない行為です。

コソボでできなかったことが、本当の日本の「周辺事態」でできるとも思えません。

Q やはり、これは法律が成立してしまったからといって、過去の問題としてはいけないような事柄のようですね。これからはどのような方向へと進むのでしょう？

A 国内的には、有事法を整備していくことになるはずです。有事法とは、たとえば外国から戦争を仕掛けられたときなどに発動する法律のこと。現在では、これが未整備で自衛隊がなにをするにしても、新しい法律を作らなければならないのです。これをどう整えるかが、国会での論議になります。

ＰＫＦ参加凍結解除問題

紛争解決のために、国連参加国が自発的に提供した要員を安保理の決議に基づき派遣するのがＰＫＯ。日本は、非武装の監視団には自衛隊員などを出しているが、武装のＰＫＦには未参加のまま。このＰＫＦへの参加は、いずれ話し合わなければならない問題だが、自民、自由、公明のそれぞれの意見も違い、三党連立へくさびを打ちかねない問題でもある。

Q ＰＫＦ参加への凍結解除問題が、自自公連立政権における外交・安全保障面での課題だと思いますが……？

A 自民党の一方の連立相手である自由党は国連軍への参加を唱えています。もう一方の相手である公明党はつねづね「平和主義」を掲げていた政党。その間に挟まれた小渕恵三首相が、どうかじ取りをするのかが見ものです。

Q 問題となっているＰＫＦとは、紛争地域での交戦部隊の引き離しや、武装解除の監視など、治安回復を担う国連平和維持軍のこと。これへの参加をどうするか、が焦点となって

いるわけですね？

A ＰＫＯ（国連平和維持活動）協力法がはじめに成立して以来、ＰＫＦへの参加をどうするかという問題について、当時の自民、公明、民社で棚上げしたまま、手つかずになっているのです。

Q **九〇年に湾岸戦争が勃発したとき、日本の国際貢献の在り方として俎上に上ったのがＰＫＯ協力法でした。これについて、説明してください。**

A 国連が事態を解決するために、紛争当事国へ介入する。これがＰＫＯなのですが、それに協力して選挙の監視や医療協力などをしようというものです。お金だけを出して人を出さない、と批判が多かったので、クローズアップされました。

しかし、話題にはなったものの、日本人の「戦争」に対するアレルギーからか、法案成立はかなりの難産でした。海部内閣、宮沢内閣と二度の法案提出後、ようやく九二年六月に成立したという経緯があります。しかも、本当ならばＰＫＯのひとつとしてＰＫＦがあるのに、それを凍結してしまいました

Q **それでもその後、この法律に基づき、九二年のカンボジア、九三年モザンビーク、九四年ザイールに自衛隊が派遣されています。このときに、なにか問題はありましたか？**

A 武器の使用が個々の判断に任されていたため、「統制を欠いた武器使用は、混乱を招き

危険」との指摘がありました。
この点を正したのが、九八年六月成立の改正ＰＫＯ協力法です。武器使用を上司の命令に変更したほか、国連以外の国際機関が実施する選挙監視活動にも参加できることなどが新たに盛り込まれました。

Q ちょっと話は戻りますが、日本の場合はPKOはよくて、PKFはだめなのですね？

A ええ。そのへんが少しおかしいので、凍結解除を話し合わなければいけないのです。危険度の低い選挙監視はできても、危険なＰＫＦはできないでは、筋が通りませんから……。

スポーツ／芸能ミニミニ事典4

●五輪招致の問題点●

オリンピックそのものが、大きく変革していると思います。とくに、一九八四年のロサンゼルス大会で、ピーター・ユベロス氏によって提唱された商業主義的オリンピックが、多大な利益を生むなど、経済効果を含めて成功を収めました。それが引き金となって、スポーツイベントとしてのオリンピックがクローズアップされすぎているようです。したがって、財力のある都市が招致することによって、その経済効果を導こうという意図のほうが強くなっているようです。そんな折に、シドニーの次がオリンピック発祥の地アテネでの開催になったということで、各方面から意識の見直しもあるのではないでしょうか。

第4章

国際情勢

先進7カ国蔵相、中央銀行総裁会議（G7） 写真提供：PANA通信社

核軍縮

世界の核管理体制の柱となっているCTBTとNPT。しかし、核軍縮の流れに逆行する米国のCTBT批准拒否という暴挙により、その体制も揺らぎはじめている。米国だけでなく、CTBTに署名・批准していない国はまだまだある。唯一の被爆国として、日本が世界にできることは少なくないはずだ。

Q 残念ながら、世界の核軍縮は進んでいるとはいえません。あろうことか、九九年一〇月に米国上院議会が、包括的核実験禁止条約（CTBT）の批准を拒否してしまいました。今後の流れはどうなりますか？

A 米国がCTBTの輪から抜けたことで、事実上、核拡散防止条約（NPT）体制そのものが崩壊してしまいました。これにより、核軍縮の流れに完全に歯止めがかかった、といえるのではないでしょうか。

Q CTBTというのは、爆発を伴うすべての核実験を禁止する条約。そうすることで、新たな核兵器の開発を阻むと同時に、まだ核を持っていない国の核開発も防ごうとしていま

す。これとNPTのふたつの条約が中心となって、世界の核管理体制が敷かれていると考えていいでしょう。このNPTについて教えてください。

A NPTは、核保有国の拡大を防ぐものです。核兵器やそれを作るための技術を、非核保有国が持とうとしたり、核を持っている国が持っていない国へ移譲することを禁止しています。

NPTが発効したのは七〇年のことなのですが、九五年に加盟一七八か国で無期限延長を決めました。この延長の前提条件が、CTBTの発効でしたから、米国の批准拒否でCTBTの発効もなくなり、NPT体制もだめになってしまったのです。

Q **CTBTが発効、つまり実際に違反した国を罰するなど効果を発揮するためには、米国の批准が必要ということですね？**

A そうです。もっとも、米国だけでなくジュネーブ軍縮会議参加国で、かつ原子炉を保有する四四か国すべての批准がなければなりません。

簡単にいえば、条約というのは国と国の約束で、たとえばCTBTでは米国のクリントン大統領や日本の橋本龍太郎前首相などがサインしています。当然、この行為に対して、それぞれの国の議会の承認を受けなければなりませんから、これを批准といいます。

Q **クリントン大統領はイエスなのに、米国議**

会がノーだから、核軍縮が足踏みをしているということですね。でも、批准していないのは、米国だけではないはずですが……？

A 条約にサインはしたものの、批准をしていない国は中国やロシア、米国など一五か国。サインもしていないのが朝鮮民主主義人民共和国（北朝鮮）、インド、パキスタンの三か国。批准したのが日本、韓国、フランス、ドイツ、英国など二六か国です。

困ったことに、核保有国のほとんどが批准していません。それらの国が、米国の批准拒否に倣うようなことがあれば、世界の核軍縮はさらに先送りされてしまうことになるでしょう。

スポーツ／芸能ミニミニ事典5

●シドニーオリンピック●

二〇〇〇年九月一五日に開幕する史上最大の規模となることは確実の第二七回オリンピック夏季大会です。南半球でオリンピックが開催されるのは、一九五六年のメルボルン以来四四年ぶりということになります。競技数も、前回のアトランタより二つ多い二八種目となります。各国の報道態勢もさらにメディアミックスした形で、これまで以上にスポーツイベント化していくものと思われます。

その一方で、招致に関連した疑惑事件が発覚してから最初の開催ということもあり、違った面からも注目されることになりそうです。世界中に、改めてオリンピック運動の価値と意義を示すという意味からも注目されることになります。

カシミール問題

世界を震撼させたインド・パキスタンの核実験が行われたのが九八年のこと。国際社会は、ＩＭＦや世銀の新たな融資を取りやめにするなど制裁措置をとり、ＣＴＢＴへの署名など世界の核管理体制下への参加を促す。しかし、世界が印パにそう働き掛けている一方で、条約の裏をかく形で米ロが核実験をするなど、大国のエゴもあり、上手くいっていない。

Q 九八年五月一一、一三日に、まずインドが七四年以来二度目となる核実験を実施しました。
その約半月後、二八、三〇日にパキスタンが、インドに対抗するように同国初の核実験をしましたが、知っていますか？

A 包括的核実験禁止条約（ＣＴＢＴ）と核拡散防止条約（ＮＰＴ）を柱とする、世界の核管理体制を根幹から揺るがす事件でした。
これに対処するため、国際社会は国際通貨基金（ＩＭＦ）や世界銀行の新たな融資を取りやめにするなど、厳しい制裁措置を採りました。

Q **競うように実験をしたということは、インドとパキスタンは核という危険な技術の開発競争をしているのだと理解できます。この両国は、隣同士なのに仲が悪いのですか?**

A 残念ですが、仲がいいとは決していえません。

カシミール地方の帰属問題を巡って、両国が英国から独立した四七年に、第一次印パ戦争が勃発して以来、三回の戦争が起こっています。

Q **ということは、もし次の戦争が起きたら、核が爆発する危険があるわけですね?**

A 最悪のケースを想定すれば、ということですが……。

じつは、印パともそれぞれ「アグニ」「ガウリ」という中距離弾道ミサイルを、すでに開発しています。これに核を搭載すれば、核ミサイルによる相互攻撃という悪夢が現実化しかねません。

Q **九九年一〇月に、パキスタンで軍事クーデタが起こり、シャリフ首相からムシャラフ陸軍参謀長に実権が移りました。いまは、軍人が核のボタンを握っていることになりますが……?**

A いったんは、最高行政官に陸軍参謀長という軍人が就いたことで、危険度が増したような気がしました。しかし、状況は一概にそうともいえないような方向に進んでいます。

参謀長は、最高行政官就任直後にインド国

境に配した兵力の一方的な削減を発表して、インドとの信頼関係を作り出す意思を表明しました。また、サッタル外相もCTBT加盟問題について、なお時間はかかるものの「署名する用意はある」とコメントしています。

一方のインドも、一一月に訪日したシン外相が、報道によれば署名に前向きな姿勢をみせたようです。

まだまだ予断は許せませんが、一転して雪解けがはじまる可能性も、ないとはいえません。

スポーツ／芸能ミニミニ事典6

●FA宣言とFA制度●

FAとは「フリー・エージェント」の頭文字です。プロ野球の世界では選手は原則的には一個人の事業主と考えられています。しかし、入団の際には自分の希望とは別に、プロ野球機構に従って入団契約を個人が球団と結んできました。FA制度とはいわば、その優遇措置的な形で一定の基準を達した選手に、自由に球団を選ぶことが特別に与えられた権利とその制度のことです。

この制度は、一九七六年にアメリカ大リーグで生まれたものです。これを参考にして、一九九三年のオフシーズンに、労働組合日本プロ野球選手会の提唱に基づいて導入されました。

東ティモール独立問題

二〇世紀最後になって、ようやく解決への道筋がついた、冷戦を遠因に生じた東ティモール独立問題。今後は、UNTAETの管理下で完全独立を目指すが、反乱民兵と背後でつながっていたとみられるインドネシア国軍の責任追及はどうするのか、予想以上に上りそうな復興に要する負担を国際社会はどう担うのか、など問題は少なくない。

Q

九九年一一月から二〇〇〇年二月まで、航空自衛隊員一五〇人がインドネシアに派遣されています。国連平和維持活動（PKO）協力法が定める「人道的な国際救援活動」に基づく措置ということですが……？

A

空自輸送機C―130H三機を使って、インドネシア東ジャワ州の州都スラバヤから西ティモールのクパンに食料品、医薬品、生活物資を輸送する任務を果たしています。

九九年に独立を巡って騒動のあった東ティモールに対するサポートということだと思います。

Q

インドネシア東部にあるティモール島の東半分である東ティモールのことですね。ここが、インドネシアから独立しようとしていたということですが、その経緯を教えてください。

A

内乱のような状態になってしまった直接のきっかけは、八月に国連管理下で行われた東ティモールを「広範な自治権を持つ特別州」にするかどうかを問う住民投票でした。この案が否決されれば、独立へと向かうことになっていたのです。

選挙の結果、自治案拒否が七八・五％にも達します。つまり、東ティモールの人たちは独立を選んだわけです。ところが、これを不満に思う併合派民兵が武力騒乱事件を起こしはじめました。

当初、インドネシアは自力で治安を回復しようとしましたが失敗。村が丸ごと焼き払われるなど、騒乱状態はどんどんひどくなっていきます。

Q

そうした状況を受け、国連安保理は九月に多国籍軍の派遣を決定。インドネシアは、それの受け入れを余儀なくされます。さらに、一〇月には多国籍軍とインドネシア国軍による交戦までありましたよね？

A

その直後に、インドネシア国権の最高機関・国民協議会では、東ティモール併合を撤回し、独立承認を決定します。

安保理も国連東ティモール暫定統治機構（UNTAET）の創設を決めました。

これにより、東ティモールは国連の暫定統

治下に入ります。今後は、治安維持や行政機能などの幅広い分野で国造りをＵＮＴＡＥＴが手伝い、二、三年後には完全独立をする予定です。

Q　併合派と独立派の対立が、今回の原因ですが、そもそも国連が介入しなければならないほどの戦争が、東ティモールで起こった理由は、インドネシアやティモールの歴史から紐解く必要がありますよね？

A　インドネシアが独立したのが四五年のこと。独立前、領土のほとんどはオランダの植民地でした。

しかし、東ティモールだけはポルトガル領だったので、この一角だけは独立後も植民地として残されていたのです。

ところが、そのポルトガルにも七四年に社会主義政権が誕生し、世界各地の主な植民地からの撤退を表明します。それ以来、東ティモールとインドネシア間で独立を巡る紛争が続いていたのです。

Q　ポルトガルの支配を逃れた後に、東ティモールがすんなりとお隣のインドネシアと一緒になれなかった理由があるのですか？

A　七四年当時、かの地で勢力が強かったのが、社会主義傾向の強い「フレテリン（東ティモール独立革命戦線）」という政党でした。つまり、東ティモールは社会主義の国になりそうだったのです。

当然、反共を掲げていた当時のスハルト・インドネシア大統領が、黙っていられるわけはありません。
フレテリンに敵対する勢力に、大量の資金と武器を供給したり、結局は軍を派遣して、七六年には併合を宣言。七八年には、国民協議会が併合を決議してしまいました。

Q **こうした軍事力を使った併合に対して、世界は大きな非難の声を上げたはずです。ポルトガルを中心に欧州各国は強く抗議し、国連もこの併合を一度も認めていないと思いますが……？**

A そうなのですが、あろうことか冷戦下で西側のリーダーであった米国が、インドネシア侵攻を知りながらも黙認。
隣のオーストラリアも、それに追随してしまったのが、問題を大きくしてしまった元凶です。

Q **ここに、東側の橋頭保が築かれること。つまり、軍港ができてソ連の軍艦が寄港するようになったり、オーストラリアを狙うミサイル基地ができたりしたら、困ると米国やオーストラリアは考えたんですね？**

A 当然、武力により自分の権利を踏みにじられた東ティモールの人たちは怒ります。しかし、国際的な援助の手はほとんどありませんでした。併合に強く反対する若者たちは、山にこもってゲリラ戦を開始します。
対するインドネシア軍の対応は、苛烈を極めたものでした。フレテリンの支援者がいると目された村は容赦なく焼かれ、村人たちは殺され、以来、これまでに東ティモール人約二〇万人が殺害されています。

Q **本当にひどい話ですね。しかし、それが二〇年以上経ってようやく軌道修正されて、今回の独立へと向かっているのですね？**

A 流れが変わったのは、九八年五月のスハルト政権崩壊からでした。あとを継いだハビビ政権が、これまでの政策を転換させて、住民投票を決め、九九年八月の投票実施につながっていきます。

スポーツ／芸能ミニミニ事典7

●FA制度の条件●

① ＦＡ資格を取得する選手の条件は、一軍登録日数が一シーズンで一五〇日を満たし、一〇シーズン（大学・社会人出身者は七シーズン）に達していること

② 獲得人数は、一球団二人以内

③ ＦＡで選手を獲得した球団は、放出した球団に対して人的補償もしくは金銭的補償を行うものとする

④ ＦＡ選手の年俸は、前球団の年俸の一・五倍を上限とする

⑤ ＦＡ資格を行使した選手でも、新しい所属球団で一軍登録日数が一シーズンで一五〇日を満たし、それが三シーズンに達したら、再びＦＡ資格を取得することができる

テポドン

社会主義国家でありながら、国のリーダーが世襲によって選ばれるなど、矛盾を孕んだ国である隣国の北朝鮮。東アジア地域の平和安定のためには、是非ともこの国との関係正常化が必要だ。しかし、日本人ら致問題や核開発疑惑、ミサイル発射など、両国間に横たわる溝も深い。

Q

九八年九月、日本海を挟んだ隣国である朝鮮民主主義人民共和国（北朝鮮）で、金正日総書記が国防委員会委員長に再任され、事実上の国家元首となりました。国家首席であった父親の金日成氏の権力を継承したわけです。

社会主義国家でありながら、世襲という異例なことが起こる国であり、また北朝鮮は国連加盟国の中でただひとつ、日本と国交がない国でもあります。

いま現在、日本との関係はどういう状態でしょうか？

A

九九年一二月に、村山富市元首相を団長とする超党派の国会議員団が、北朝鮮を訪問。朝鮮労働党と話し合い、日朝関係改善を両政府に促す共同発表に署名したばかりです。

このときのメンバーは、野中弘務自民党幹

事長代理ら自民、公明、自由、共産、社民、改革クの議員で構成される本格的なもの。

かなりの顔触れなだけあって、一定の成果が出て、これまで滞っていた両国関係が、再スタートとなったわけです。

Q 日本の戦後処理で残された大きな課題のひとつが、北朝鮮との国交正常化です。九一年一月に、いったんは日朝国交正常化交渉が開始されましたが、たいした進展もないままに、九二年一一月の八回目の交渉で決裂し、ストップしていました。その理由とはなんですか？

A その時の決裂の理由は、大韓航空機爆破事件の犯人である金賢姫・元工作員の教育係で、日本人とされる「李恩恵」の問題を、日本側が持ち出したところ、北側が激怒したからと聞いています。

つまり、日本国民にとって関心の高い日本人ら致の問題を俎上に載せることさえ拒否されたわけです。また、それだけではなく九〇年ごろから北の核開発疑惑が持ち上がっており、それに対する日本の不信感もあるでしょう。

Q その中断後、北朝鮮では食糧事情が悪化したり、経済危機が発生し状況が変化しています。金正日体制の崩壊さえウワサされました。この状況変化を、日本はどうとらえましたか？

A 日本としても、やみくもに対立するのが本意ではなく、朝鮮半島の安定を一刻も早く図りたい事情があります。九七年九月には、

「日本人妻の里帰り」に北が合意したこともあり、日本政府は三四億円の食糧援助などを決め、交渉再開にも目処が立ちました。

Q

せっかく進展があったのに、九八年八月には例の日本上空を横切るかたちで弾道ミサイル「テポドン」が発射される事件が起こるわけですよね。

「外貨獲得」にさしたる手段を持たない北にとって、ミサイル開発は命綱ともいわれていますが、それに対する日本の対応は？

A

その前の三月に、ら致問題について北が「事実はない」と回答していたこともあり、国内では反北朝鮮の世論が非常に高まります。食糧援助は凍結され、国交正常化交渉も再び暗礁に乗り上げました。

Q

その後、九九年に入っても三月に、能登半島沖で北朝鮮のものとみられる不審船が、日本の領海を侵犯する事件が起きています。

にも関わらず、今回実施された議員団訪朝など雪解け方向へ事態が進んだのは、なぜだと思いますか？

A

やはり、両国がにらみ合うような状態は、アジアの平和、安定にとって好ましくないと、日本政府が考えているのだと思います。

イデオロギーの違いはあっても、粘り強く対話を続けることで、国と国との関係を築こうという方針だと思います。

Q

あと、付け加えるならば米国と北朝鮮の関係が改善されていることも、忘れてはなりま

せん。
九九年九月に、米国は朝鮮戦争以来実施してきた北朝鮮に対する経済制裁の一部解除を発表。北朝鮮も、米朝協議が続いている間は、ミサイルを発射しないと表明しています。
ところで、話は変わりますが、先ほどちょっと話題に上った北朝鮮の核開発疑惑についてうかがいます。北朝鮮が、寧辺の実験用原子炉などで、核開発を進めたとされる疑惑が浮上したのが九〇年の秋ごろでした。その時の経緯を簡単に説明してください。

A その疑惑に対し、国際原子力機関（ＩＡＥＡ）は、ただちに特別査察を要求しましたが、北朝鮮はこれを拒否。さらに、九三年三月には核拡散防止条約（ＮＰＴ）から脱退し、国際社会との対決姿勢を強めます。国連安保理では、制裁論議まで出始めて、あわや戦争という状態でした。
こうした状況の中で、北朝鮮が孤立して自暴自棄にならないよう融和政策をとっていた米国が、九四年六月にカーター元米大統領を派遣します。金日成主席と会談の結果、戦争だけは免れることができました。一〇月には、米朝で北朝鮮の核開発凍結を定めた枠組みに合意しました。

Q その合意を受けて、日米韓が中心となり九五年三月に発足させたのが、朝鮮半島エネルギー開発機構（ＫＥＤＯ）でした。このＫＥＤＯとはなんですか？

A 日米韓にドイツ、英国など二六か国が加盟する国際共同事業組織です。北朝鮮が、核開発疑惑のあった寧辺の黒鉛減速炉を解体する代わりに、核開発のしにくい軽水炉を提供したり、軽水炉完成までの代替エネルギーとして、重油を年間五〇万トンも供給することになっています。

Q

KEDOにおける各国の負担金は総額四〇億ドルといわれていますが、先ほどの「テポドン発射事件」の後で、日本は資金協力を凍結したはずです。KEDOも、順調には機能していないのでは?

A

日本の資金協力凍結は、九八年の一〇月には解除されています。日本政府が、国内世論を受けていったん態度を硬化させたのは、当然だと思います。

しかし、米国をはじめ韓国や欧州各国は、引き続きKEDOによる枠組み作りを推進していました。自分だけ、それに反することもできず、凍結を解除。再び、朝鮮半島の平和の枠組みを担う国際社会の一翼を担うことになりました。

また、九九年一二月には北朝鮮の咸鏡南道琴湖地区における軽水炉二基の建設について、KEDOと韓国電力の間で本工事主契約の署名式が行われています。年内の本工事着工を目指すそうですから、ようやく建設が本格化しそうです。

マカオ返還

四五〇年近くもマカオの主権を握っていたポルトガルが、九九年末についに撤退。同時にアジアの植民地もひとつ残らずなくなることになった。九七年の香港返還に続き、今回のマカオ返還で「祖国統一」を掲げる中国が、次に視野に入れるのは台湾。しかし、台湾では「一中一台論」なども表出し、状況は不明なまま。来世紀の中台関係はどうなるのだろうか。

Q **九九年一二月二〇日、マカオがポルトガルから中国へ返還されたことで、アジアから植民地がなくなりましたよね？**

A じつは、マカオは欧州列強によるアジア支配の最初の拠点でもあったのです。ポルトガルが、マカオの居住権を獲得したのは一五五七年のこと。つまり、四四二年かけてマカオは、アジアの植民地として最初と最後の場となったのです。

Q **九七年には、すでに香港が英国より中国に返還されています。マカオも香港と同じく、「一国二制度」が適用されるのですか？**

A はい。「特別行政区」として独立した行政管理権、立法権、司法権を持つ「高度な自治」が認められ、今後五〇年間はこれまでと同じ社会・経済体制の保持が保証されます。

Q 香港の人口が六六〇万人もいるのに対し、マカオはわずか四二万人。たとえば、東京都練馬区の住人が約六四万人ですから、それよりも規模が小さいのがマカオです。
こうした国際社会への影響度の違いはあるにしても、香港返還時のかなりの騒ぎように比べ、今度のマカオはかなり冷静だった気がしますが……?

A これには、そこに住む人たちの思いの違いがあるかもしれません。香港が中国に返還されるとき、人々が心配したのは中国が民主的な政治を続けるかどうかでした。
自由主義サイドに立っている香港人やわれわれにとっては、これがいちばん大きな問題だった。だからこそ、西側諸国全体が大国・中国の出方を注視していたわけです。
ところが、これがマカオだとあまりにもいまの治安が悪いために、中国が積極的に介入して、取り締まりを強化してもらいたいと考える人が多いといいます。マカオといえばカジノですが、この利権を争ってマフィアたちの抗争が活発化し、ここ数年は安心して眠れないほどなのだそうです。

Q 治安回復が、新生マカオの当面の課題ということですね?

A 中国当局も、そう考えていると思います。

当初、中国はマカオに軍を駐留させない方針だったんですが、九八年九月にそれを撤回しました。

　軍が直接、治安維持のために動くかどうかはまだわかりませんが、「にらみを利かせる」くらいの意味はあるかもしれません。返還日の正午には、早速人民解放軍マカオ駐留部隊一〇〇〇人が進駐しています。

Q　**香港が返ってきて、今度はマカオが返ってきた。中国にとってみれば、いわゆる「祖国統一事業」が着々と進んでいることになります。今後は、どうなるのでしょう?**

A　もちろん、中国としては台湾との統一を視野に入れています。台湾に対しては、今回のマカオや香港と同じ「一国二制度」による統一を訴えているのですが、さらに柔軟な対応を考えているようです。
　二〇〇〇年元日、中国の江沢民国家主席は北京で演説を行い、そこで台湾問題について『台湾問題を解決し、平和統一を実現する「一国二制度」の内容は、香港やマカオよりも穏やかなものにすることができる』といっています。

Q　**「一国二制度」ならぬ、「一国三制度」ですね。香港やマカオの「一国二制度」を、さらに柔軟に運用し、台湾には「独自の軍隊を維持できる」など、さらに自治権を拡大することや、「台湾指導者を副主席として中央ポストに迎え入れる」といったことも提案しています。**
　しかし、そうなるともう一方の台湾のこと

が気になりませんか？　もともと、台湾は「自分たちが正統な中国政権である」という考え方だったはずですが……？

A 台湾としては、正統性を自分たちが持ったうえでの台中統一を目指していました。ところが、最近では台湾の住民も「中国人意識」より「台湾人意識」のほうが強いというデータが出ているといいます。

　こうしたことから、台湾の李登輝総統は、こうした事情を踏まえ、台中の関係を「特殊な国と国の関係」と新定義しました。いわゆる「一中一台論」、台湾と中国をべつの国と認めるような発言をしたのです。

Q とはいっても、台湾が中国からの分離独立を目指しているわけではないですよね？

A 台湾は、経済的には中国と密接に関係しています。ですから、完全な分離独立を唱えて、中国から絶縁状を突きつけられても困るわけで、穏健派も少なくありません。

　二〇〇〇年三月には、次期台湾総統選挙が行われるのですが、その結果いかんで台中、中台の対話の行方も少しはみえてくるでしょう。現状の付かず離れずといった路線がどうなるか、日本としてもその動向を注視しておくべきです。

欧州通貨統合（ユーロ）

世界の中心たる地位を、再び欧州に取り戻したいという欧州人の悲願をも込めたユーロの誕生。市場統合をさらに推し進める単一通貨の登場は、欧州経済を活発化させ、ユーロをドルに並ぶ基軸通貨へと押し上げる可能性も大きい。しかし、通貨統合は民主主義そのものを揺るがしかねない問題を含んでおり、その行く末をキチンと把握しておく必要がある。

Q 欧州共通の通貨である「ユーロ」がスタートしたのが九九年一月一日でしたから、早くも一年以上が経過したことになります。どこまで浸透しているでしょうか？

A 当面は、小切手や銀行口座、株式や債券の額面として金融機関や企業の決済のみに使われる「バーチャル通貨」だけですが……。しかし、現時点でも銀行預金は自国通貨建てとユーロ建ての両方の口座を持てますので、欧州の人がいちばんユーロを実感できるのは、預金通帳を開いたときかもしれません。

Q 二〇〇一年いっぱいまで、通貨を発行する権限は、各国の中央銀行に残されています。ならば、実際にユーロが見られるようになるには、まだしばらくかかるのですか？

A

それまでは、以前と同じフランやマルク、リラなどの現金が各国で流通。二〇〇二年の一月一日に、現実にユーロが出回りはじめ、その後、六か月の猶予期間を経て、固有の通貨は廃止されます。

Q

いまのところユーロを使っているのは、欧州といっても欧州連合（ＥＵ）加盟の一五か国のうち、独、仏、伊、オランダ、ベルギーなど一一か国。参加していない国もありますよね？

A

ＥＵの一員ではあるものの英、スウェーデン、デンマークの三国は政治的な理由から通貨統合を見送り、ギリシアは統合の条件である財政赤字などの基準をクリアできなかったので、参加できませんでした。

もっとも、ギリシアは早ければ二〇〇一年にも参加する方針ですし、スウェーデンのペーション首相も九九年一一月には、いずれは欧州通貨統合に参加する考えを表明しています。

最大二七か国に拡大するとの予測もあるので、将来的には欧州全体の通貨になってしまうかもしれません。

Q

まず、各国通貨間の交換がなくなることで、為替コストを大きく削減できることが、通貨統合に踏み切った理由だと聞いていますが……？

たしかに、それがいちばんのポイントでしょう。その金額は、ＥＵ域内でなんと年間一兆八〇〇〇億円にも達するといい、これが節約できるわけです。

さらには、不規則に変動する為替リスクもなくなりますので、資本がＥＵ域内を容易に移動できるようになります。

ヒト、モノ、資本、サービスの域内自由移動を保証しているのが、欧州の市場統合ですので、これがさらに一歩推し進められるわけです。

Q ここ数年、欧州企業を中心にした業界再編が、通信や自動車などの分野でドラスティックに行われています。ユーロ誕生によって、巨額の資金調達が容易になるという成果が出て、それがＭ＆Ａの活発化につながっているのですね？

A そのほか、通貨統合の理由には欧州人の心情的なものもあるようで、「かつての栄光よもう一度」という意気込みのようなものも感じられます。

二度の世界大戦の戦場となったことから、欧州は世界の中心としての地位を、米国に奪われてしまいました。

それを総人口三億人弱、合計国内総生産（ＧＤＰ）六兆ドル超の巨大市場を持つユーロを作り出すことで、奪い返したいのでしょう。

Q たしかに、それだけの人口とＧＤＰをバックにするユーロならば、米ドルと並ぶ「基軸通貨」となりうる可能性がありますよね？

しかし、それだけ巨大なものだと、準備もずいぶんかかったのではないですか？

A 欧州の通貨統合という構想そのものは、第一次世界大戦が終わったころからあったようです。

欧州大陸に戦乱が絶えないのは、独と仏の覇権争いがすべての元凶といえます。

それをなくすために、一九世紀ころから欧州統合という案があり、その流れとして通貨統合が出てきました。

Q **ただ、今回のユーロの直接の起源は、九三年一一月に発効し、世界最大の地域連合体であるEUを生み出した「欧州連合条約（マーストリヒト条約）」の合意であるはずです。その経緯を説明してください。**

A マーストリヒト条約をもとに、九四年一月にユーロ発行権限などを持つ欧州中央銀行（ECB）の設立準備機関である欧州通貨機構（EMI）を設立。ECBは、九八年にはスタートし、その翌年、史上類をみない平和裏による通貨統合がなったわけです。

今後、EUの金融政策は参加各国の中央銀行ではなく、ECBに引き渡されることになります。

九九年中に、各国の政策の一本化が調整され、二〇〇〇年一月には政策を実施する権限が完全に移譲されました。

Q **ということは、欧州ではもうその国固有の金融政策というのは、存在しなくなるのですね。**

自国に不利な政策を、ECBが行ったりす

れば、ＥＵに亀裂が入ったりしませんか？

A それが問題なのです。しかも、選挙によって政策をウンヌンしようとしても、その政策自体が自分の国の政治家の手を離れ、ＥＵやＥＣＢという超国家の手に渡ってしまっています。

　これは、民主主義という点からいうと、まさしく逆行です。民主主義を生み出した欧州において、また新たなる国の有りようが生み出された。今後の課題として、覚えておいたほうがよいと思います。

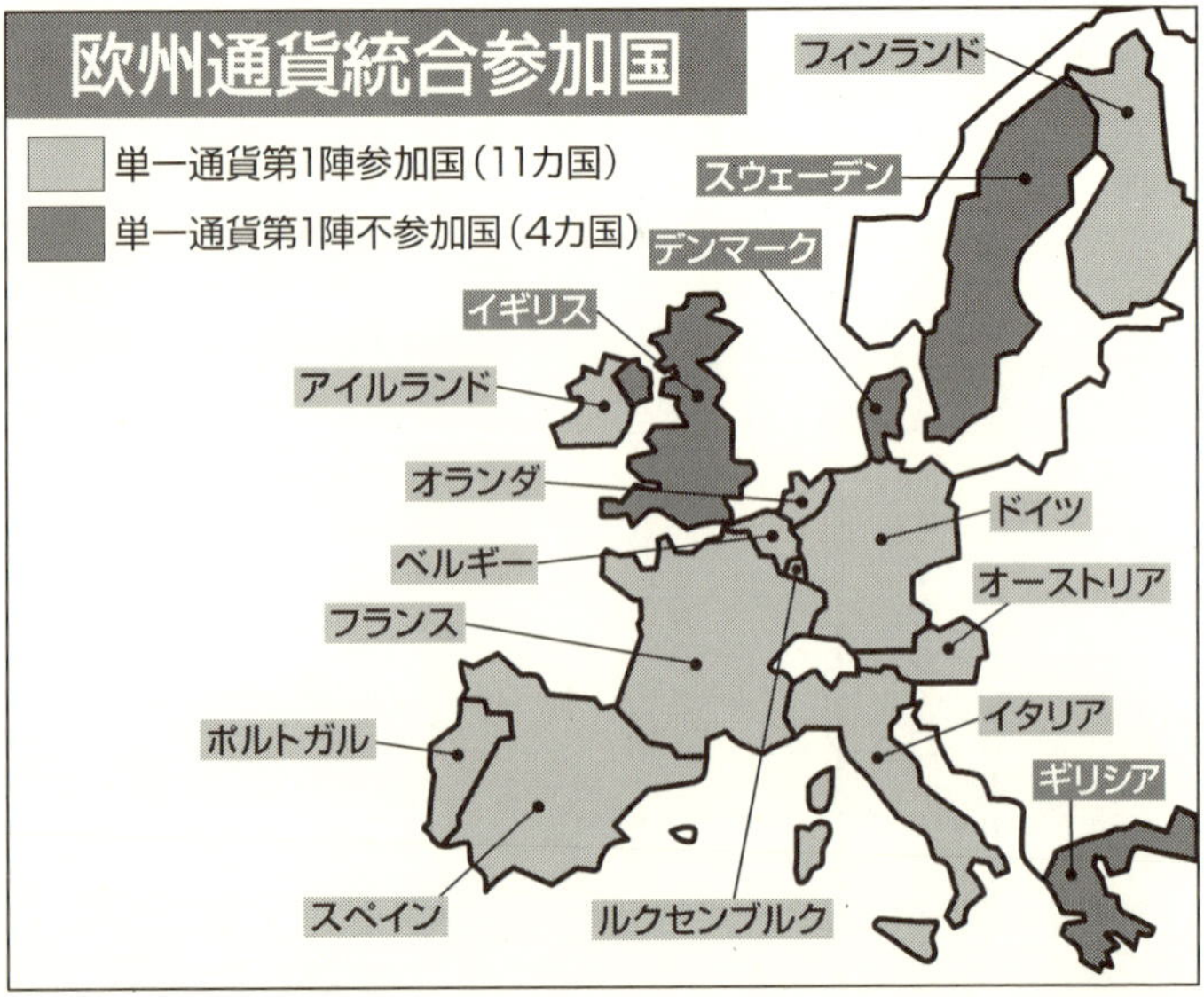

スポーツ／芸能ミニミニ事典8

●野球の日本代表●

オリンピックなどの国際大会に、従来は社会人や大学を中心としたアマチュアチームを派遣するのが通例でした。オリンピックでは、一九八四年のロサンゼルス大会で金メダルを獲得して以降、八八年ソウル、九二年バルセロナ、九六年アトランタといずれもメダルを獲得していました。ところが、国際野球連盟の主要大会でのプロの参加の認可以来、世界の舞台でアマ選手のみで勝ち続けることが容易ではなくなってきています。

結局、シドニーは日本はプロとの混成チームとなりました。しかし、シーズン中でもありセ・リーグとパ・リーグで必ずしも足並みが揃わず、主力を送り込むパ・リーグに対し、セ・リーグは選手枠を設けています。

スポーツ／芸能ミニミニ事典9

●FA制度のでき上がった背景●

FA制度そのものは、選手にも球団を選ぶことのできる選択権を与えてほしい（選択権の補償）という考え方から、プロ野球選手会が提唱したものです。それが認められたという背景には、選手のほとんどがプロ野球に入団の際に「プロ野球新人選択会議」という形で指名されて、クジなどで、ある意味では本人に球団を選ぶ自由のないままプロ入りしたということがありました。これに対し一部で、選手の選択の自由を奪っていたというような考え方がありました。ただ、現在は大学と社会人のドラフト候補選手には逆指名権があり、状況も異なってきました。改めて、制度そのものを見直したほうがよいという意見も多く出てきています。

NATO（北大西洋条約機構）東方拡大

冷戦下に東側の脅威へ対抗するため組織されたNATO。しかし、冷戦終結後も新たな存在意義を見いだし、かつての敵である東欧諸国も飲み込むなど、加盟国を増やしている。旧ユーゴ紛争の解決時に果たした役割の大きさが評価されてのことだが、米国の影響力が大きすぎることなども指摘されており、二一世紀に向けて新たな米欧関係樹立が模索されている。

Q そもそも、NATOとは当時のソ連・東欧諸国が作ったワルシャワ条約機構に対抗するため、四九年に米国や西欧諸国一二か国で組織された集団安全保障機構のことです。冷戦が終わって、ワルシャワ条約機構が解体されたように、NATOがなくなってもおかしくないのでは？

A 冷戦下に東側に対抗するために作られた組織ですから、冷戦終結後にその存在意義が消滅してもおかしくありませんでした。しかし、いまや欧州全体の安全保障機構という新しい役目を見つけて、加盟国を増やしている最中なのです。

九九年三月には、かつての敵である東側のポーランド、チェコ、ハンガリーの三国を新たに迎え入れ、加盟国を一九か国へと拡大しました。これが第一段ということですから、東欧諸国の加盟は今後も続くでしょう。

Q **新生NATOが生まれるきっかけとなったのが、九〇年代前半に起こった旧ユーゴスラビアの紛争でした。この紛争で、なにがあったのでしょう？**

A このとき、NATOは創設以来初の武力行使に踏み切り、一定の成果を上げます。国連のPKOよりももっと明確な形で、「武力により紛争を鎮圧する能力」を見せつけたわけです。

欧州に住む人々にとってみれば、安全保障機構として非常に頼れる存在なのでしょう。また、東欧諸国としては将来あるかもしれないロシアによる脅威への盾になって欲しいのかもしれません。

Q **でも、東方へと拡大を続けるNATOですが、問題がないわけではないはずです。欧州中心の組織でありながら、米国の影響力が大きいことが指摘されていますが……？**

A それが課題なのです。旧ユーゴ紛争のときも、和平に向けて決定的な行動を起こしたのは米国でした。これを反省し、欧州独自の紛争解決への体制を作るべきだ、との声も出ています。

Q **九九年一二月にEUが独自の軍隊を持つというニュースがありました。部隊の規模は五**

4 国際情勢

〜六万人で、二〇〇三年末までの設立が目標。EU加盟の一五か国が、自主的に参加する形で欧州の地域紛争などの平和維持活動にあたるそうです。これも、その米国離れの一環なのですか？

A そうだと思います。件《くだん》のニュースは、EU外相理事会で前回の外相・国防相会議で一致していたEU独自の緊急展開部隊の創設が確認されたというものでした。

米国も、裏では影響力の低下を懸念しているかもしれませんが、表面上はNATOを弱体化させないことを条件にして、部隊創設を歓迎しています。とにかく、欧州の安全保障も新しい時代へと突入したことになります。

スポーツ／芸能ミニミニ事典10

●日本人大リーガー選手●

二〇〇〇年のシーズンから、横浜ベイスターズの守護神といわれていた佐々木主浩投手が、日本人選手としては野茂英雄、伊良部秀輝、長谷川滋利、吉井理人選手らに続いてのメジャー契約選手となりました。契約したのはアメリカン・リーグに所属するシアトル・マリナーズです。

佐々木主浩投手には、メジャーの複数の球団が入団の意思を打診してきました。そんな中で、もっとも条件がよくチームにとっても活躍の場があるという判断で選ばれたのがシアトル・マリナーズだったということです。

なお、日本人最初の大リーガー選手は、一九六四〜六五年にサンフランシスコ・ジャイアンツに所属した村上雅則投手です。

ASEAN（東南アジア諸国連合）拡大

「世界でもっとも成功した地域機構」といわれていたASEANだが、九七年夏の「アジア通貨危機」などを原因として、地盤沈下が取りざたされている。反共防衛の組織から、冷戦後は政治・経済・安全保障などについて、協力関係を強めたものへと変化。着実に加盟国を増やしてきてはいるが、ここにきて低下した求心力を再び取り戻すために、どのような方策があるのだろう。

Q 九九年の一一月末に、ASEAN（東南アジア諸国連合）の会議が開かれていました。これには、小渕恵三首相も出席していましたよね？

A あのときの会議は、ASEAN加盟の首脳会議を中心に、蔵相会議や日本・中国・韓国の首脳が出席した拡大首脳会議などが開かれています。小渕首相が出ていたのは、この拡大首脳会議で、東アジア地域での政治・安全保障における協力拡大への決意を、共同声明として発表しました。

Q もともと、ASEANとは冷戦を背景に六八年に設立されたアジア地域の反共防衛を目的にした組織です。それが、冷戦後に政治・経済・安全保障などについて、協力関係を強めたものへと変わってきています。その経緯を教えてください。

A そうした存在理由の変化につれて、ASEANの加盟国も増えてきました。いちばん最近では、カンボジアの加盟が九九年四月にあり、この前の会議はカンボジアを加えた一〇か国体制になって初のものです。

タイ、インドネシア、フィリピン、マレーシア、シンガポールの五か国が設立当初のメンバー。八四年にブルネイ、九五年にベトナム、九七年にラオスとミャンマーが加わり、これにカンボジアがプラスされて一〇か国、約五億人の人口を持つようになっています。

Q いまのASEANでやっていることをひと言でいうと、日中韓もその対話に含めることで、新世紀に向けての東アジア全体を包括する枠組みづくりを考えている、といったところでしょうか……？

A そうですね。たとえば、前回の議長声明の中には「一五年までに域内貿易の関税を原則撤廃」というものがありました。ASEANも、EUのような経済統合を目指しているわけです。

また、域内紛争調停に備え、加盟国中の三か国の閣僚らが早期解決にあたる「トロイカ体制」の確立も盛り込まれました。ASEANには、「内政不干渉」の原則があったんですが、それを修正し、今後は安全保障問題にも関与していくつもりなのでしょう。

Q

少し前までASEANは、「世界でもっとも成功した地域機構」といわれていました。ところが、九七年夏には「アジア通貨危機」が発生。この深刻な経済不況を受けましたが、その後の評判はどうですか？

A たしかに、最近になって問題点が浮かび上がってきました。経済的な打撃などで、ASEANのリーダーシップをとってきたインドネシアやマレーシアで、政変や政治スキャンダルが起こってしまいます。

スハルト・インドネシア前大統領は表舞台から去り、マハティール・マレーシア首相の発言力は低下。強力な調整役がいなくなったことで、ASEANの求心力が弱くなり、「地盤沈下」は免れないでしょう。

スポーツ／芸能ミニミニ事典11

●日本人選手のメジャー志向●

野球はもともとアメリカが発祥の地です。そして、アメリカ大リーグの優勝を決めるシリーズが「ワールドシリーズ」といわれるように、世界の頂点を意味しています。そういう高いレベルのところで日本の選手が活躍するということは、いろいろな意味での国際化の面からも素晴らしいことだと思います。スポーツに限らず、国際舞台を視野に入れて物事を考えていくということは、これからの日本人にとっては当然のことでしょう。また、自分を切磋琢磨するという点からも、より高いレベルの世界で自分を鍛えるということは必要なことではないでしょうか。現在では、高校生から直接メジャーのファームに入団する選手も現れています。

ケルン・サミット

先進国と発展途上国の関係を、永続的に変える原則が確立されたケルン・サミット。一日一ドル以下で暮らしている極貧状態にある約一〇億もの人々の生活改善へ向けて第一歩となった。日本が重債務最貧国四一か国に貸し付け中の債権総額は一兆一〇〇〇億円余。沖縄で二〇世紀最後のサミット議長国となる日本は、参加する豊かな国々を正しい方向へと導く責務があるはずだ。

Q **二〇〇〇年のサミットは、九州・沖縄で開催されます。その前の九九年は、どこで開かれたか覚えていますか?**

A 六月にドイツのケルンで開催されました。参加国は、日本、米国、英国、フランス、ドイツ、イタリア、カナダの先進七か国、いわゆるG7にロシアと、オブザーバーとして欧州連合（EU）です。ロシアの参加は、九七年からなんですが、それ以降は実質G8サミットになっています。

Q **サミットというのは、先進国首脳会議の略。ですから、世界の主だった国々の首脳が集まっ**

て、政治・経済・安全保障などを話し合うのがその目的です。その歴史を簡単に。

A 第一回目が開かれたのが七五年のことで、このときは第一次石油ショック後の混乱する世界経済を建て直すために、パリに集まりました。以後、経済問題を話し合うため、年に一回ずつ開催されていたのですが、八三年の米ウイリアムズバーグから、政治・安全保障も議題に加えられるようになっています。

Q **ケルンでの日本の成果といえば、ミサイル発射に関して、朝鮮民主主義人民共和国（北朝鮮）を名指しした深い憂慮を宣言の中で表明させたことでしょうか？**

A 当時は、北朝鮮のミサイル発射実験強行の懸念が高い時期でした。ですから、再発射の動きをけん制するため、日本の要望により宣言の中に盛り込まれたのです。

Q **そのほかにも、サミットの成果として、コソボ紛争解決に大きな役割を果たしたロシアに対する支援策を打ち出したり、各国の高い失業率の早期解決を促すなどいくつかありましたよね？**

A しかし、いちばん印象に残ったのは、そうした本筋とは別のところで起きた出来事でした。国と国の関係と同等以上に、市民運動に大きな力があることを、見せつけられたのです。

「ジュビリー二〇〇〇」というNGO（非政府組織）や宗教団体などで構成される運動組織のことですね。彼らはサミットの開催中、貧困国の累積債務帳消しを訴えて、精力的にデモや集会を展開していましたが……？

A この運動の結果、サミット首脳たちも債務の救済策を示し、後には米国と英国が二国間債務の全面帳消しを約束しています。日本も、四〇〇〇億円規模のODA債権放棄を打ち出しました。

九九年一一月のWTOの閣僚会議でも、数万人のNGOなどの人が会議場の内外に集まり、運動を展開したことが、会議失敗の一因だと聞いています。今後は、どんな国も市民運動を無視できないようになっていくと思われます。

スポーツ／芸能ミニミニ事典12

●メジャーリーグのシステム●

メジャーリーグには、二〇〇〇年現在で三〇のチームがあります。それが、アメリカン・リーグとナショナル・リーグに分かれて覇権を争います。さらに細かくいえば、ア・リーグに一四チームあり、これが東地区、中地区、西地区と分かれており、ナ・リーグも一六チームが同様に分けられておりリーグ戦を行います。チーム数が多いアメリカでは、こうした方式をとっているのです。

そして、各地区の優勝チームと上位チームがプレーオフを行います。プレーオフはそれぞれ四勝したら勝ち上がっていくという方式で一つずつ上り詰めていきます。さらにワールドシリーズで早く四勝したほうが優勝（ワールドチャンピオン）となるのです。

アメリカ大統領選挙

二〇〇〇年は、世界で唯一残った超大国である米国の大統領を選出する年であり、その座を巡る戦いはすでに一月末よりはじまっている。共和党ブッシュか、民主党ブラッドレーか？　好景気を背景にした選挙は、さしたる争点もないが、世界を左右しかねない可能性を秘めていることだけはたしかである。

Q 二〇〇〇年は、日本の総選挙をはじめ二一世紀初頭の国際情勢を左右する選挙が目白押しという状況です。いくつか、例を挙げてもらえますか？

A ロシアの大統領選がありますし、お隣の韓国でも総選挙があります。来世紀の中台関係を左右しそうな台湾総統選は三月のことですし、イランでもたしか総選挙があるはずです。

でも、やはりもっとも注目できるのは、世界で唯一残った超大国である米国の大統領選挙でしょう。米国では、大統領の三選が禁止されていますから、すでに二期八年やっているクリントン大統領はお役御免となり、新しい米国の顔が選ばれます。

Q **しかし、それにしては盛り上がりに欠けているような気がしませんか？**

A ええ。ハーバード大ケネディースクールの調査によると、九九年一一月の時点で「重大な関心を持っている」と答えた人はたった五％、年末から年初にかけての調査でも、七四％の人が「まだ、どの候補者を支持するか決めていない」そうです。

Q **米国の大統領選というのは、細かい得票の計算方法がけっこう複雑であったりします。ですが、民主党、共和党の候補者を選ぶ予備選と、本選挙の二段階に分かれていることぐらいは知っていますよね？**

A 二〇〇〇年一月末から本選に立候補する各党の指名候補者を選ぶ予備選が各州で行われ、夏の全国党大会で結果が出ます。その後が一一月七日の投票日に向けた本選の段階ですが、これも大統領を選ぶ大統領選挙人を、一般有権者の投票で選出する間接選挙です。

Q **現時点で名前が挙がっているのは、民主党ではアル・ゴア氏とビル・ブラッドレー氏。共和党では、ジョージ・ブッシュ氏と出版社経営のスティーブ・フォーブス氏、ジョン・マケイン上院議員。第三の党である改革党からは、政治評論家のパット・ブキャナン氏と実業家のドナルド・トランプ氏といったところですが、現在の状況を教えてください。**

A 現与党の民主党では当初、現副大統領のゴア氏有利とみられていましたが、知日派としても知られるブラッドレー元上院議員もかなりの追い込みをかけているようです。

対する共和党は、米メディアから「演説下手」「外交音痴」と盛んに皮肉られていた、ブッシュ前大統領の長男のブッシュ・テキサス州知事がいまのところ、抜きん出て高支持率を上げています。あと、改革党が指名候補者を出すのかどうかが、今後の関心でしょう。

いずれにせよ、現在の米国は経済が好調なため、有権者はたいした不満がないのが現状です。両党の政策の違いにしても、財政黒字の使い道をどうするかというくらい。もしかしたら、投票率の低下がいちばんの問題かもしれません。

スポーツ／芸能ミニミニ事典13

●大相撲の八百長疑惑●

「大相撲では公然と八百長が行われていました。私もそれに関わっていました」といった内容の発言が物議を醸し出しました。元小結の板井圭介氏が外国人記者クラブでの発言でした。発言の場が、日本の国技「相撲」に対して、特殊な興味を持っている外国人記者クラブであるということも大きな問題でした。

相撲界のこの問題は、以前にも週刊誌などで取りざたされたことはありました。しかし、相撲という国技の世界のことであり、その世界のあり方のなかで処理されてきました。ところが、今回は元内部にいた人間からの告発でもあり、相撲界としても、今後の対処次第では、国技「相撲」の歴史と伝統にも影響する状況となってきています。

銃砲規制法（ブレイディ法）

銃の乱射事件が起こるたびに、盛り上がる米国の銃規制に対する世論。国民の八割が銃規制を望んでいるのに、ほとんど進展がみられないのはなぜか？ ＮＲＡが反対し、その強い影響下にある共和党が議会多数派を占めているからだというが、単なる民間の一団体にすぎないＮＲＡに国政までもが左右される米国のいびつな政治構造がみてとれる。

Q 銃に関係した犯罪があれだけ起こっているのに、米国では銃に関する規制がほとんど進んでいません。日本人の感覚からすると、信じられないことですが……？

A 九九年五月に、米上院では銃を買うすべての人の犯罪歴調査を義務づける法案などを可否同数の末、上院議長を兼ねるゴア副大統領の一票でかろうじて通しました。しかし、下院ではあっさりと廃案にされています。本当に理解しがたいことです。

Q 四月にコロラド州リトルトンの高校で、銃の乱射事件がありました。犯人と思われる高

校生二人を含む、計一五人の死者が出た陰惨な事件です。覚えていますよね？

A この件をきっかけにして、米国内では銃規制の世論が盛り上がり、規制派が八割を占めるようになったといいます。

世論は規制を求めているのに、法整備は進まないというおかしな状況がいまの米国ではないでしょうか。

Q **それでも一応、クリントン政権になってから、短銃を買おうとする人の前歴を調査する「銃砲規制法（ブレイディ法）」や、破壊力の強い銃の販売を禁じた「犯罪対策法」を、それぞれ九三年と九四年に成立させているはずですが……？**

A たしかに、進展がまったくないとはいえないのですが、決定的な規制に至っていないということ。この理由として挙げられるのが、全米ライフル協会（ＮＲＡ）の存在です。

Q **俳優のチャールトン・ヘストン氏が会長を務め、会員数約三〇〇万人、銃の製造業者や愛好家の集まりであるこの団体が、反対しているから、銃規制が進まないというのですね？**

A そうです。ＮＲＡが、武器の所持を国民の権利としている憲法規定をたてに、規制反対運動を続けています。ここが、ただの愛好者団体ならばいいのですが、強力な力を持っていますので、いかんともしがたいのです。

潤沢な資金力を背景にした政治献金や、選挙時の集票力を武器に、政治家に圧力をかけることで、「最強のロビー団体」ともいわれています。

共和党が、ここの強い影響下にあるため、共和党多数の米議会では数多くの銃規制法案が廃案になるのです。

単なる民間の一団体にすぎないＮＲＡの意向で、世論のほとんどが望んでいる規制が進まない。この米国の姿は、とても健全な政治が行われているとはいえないと思います。

●Ｊリーグ日本人選手と欧州リーグ●

サッカーの国際的普及度はボールゲームのなかでは最高のものがあります。それだけに、日本のトップレベルの選手も、本場のより高いレベルでプレーしてみたいという気持ちも強いようです。

海外進出の最初は、当時日本のエースだった三浦知良選手でした。その後、中田英寿選手がイタリアのトップレベルのセリエＡのペルージャで活躍し、それに刺激される形で名波浩選手、城彰二選手と続きました。日本の選手がこうした世界のトップレベルのクラブチームに所属して活躍するということは、二〇〇二年のワールドカップの日本（韓国と共同）開催を控えて、非常に有意義だともいえるのではないでしょうか。

第5章

環境問題

放射能漏れ事故・防護服の警察官　写真提供：PANA 通信社

原発関連施設事故

九九年九月三〇日、茨城県東海村の民間ウラン加工施設「ジェー・シー・オー」東海事業所で、国内初の臨界事故が発生。作業していた社員三人が放射線を大量に被曝。うち大内力さんが一二月二〇日に亡くなった。この事故で改めて核の安全性に対する国民の不安が高まっており、原子力発電所建設にブレーキがかかりそうだ。

Q 茨城県東海村で九九年九月三〇日にウラン加工施設ジェー・シー・オー東海事業所で起こった事故は、「臨界事故」といわれていますが、どのようにして起こったのですか？

A 当時、三人の社員が核燃料サイクル開発機構の高速実験炉「常陽」の燃料用ウランを精製する作業をしていたのです。一人の社員が粉末のウランを硝酸を溶かした沈殿槽とよばれるタンクに入れたところ臨界に達してしまいました。臨界というのは、核物質が分裂して中性子を放出、その中性子が次の核分裂を引き起こすという連鎖反応が起きる状態をいいます。臨界に達すると大量の放射線が周囲に放出され、作業をしていた社員は広島に落とされた原子爆弾に匹敵する被曝量の放射線を直接浴び、命を失う結果になりました。

Q **この事故の規模は「レベル4」とされていますが、これはどのような尺度で決められるのでしょうか？**

A 国際原子力機関（ＩＡＥＡ）が、原子力施設の事故の規模をわかりやすくランクづけするために作った「国際評価尺度」で「レベル４」とされたのです。施設外への影響、施設内への影響、深層防護（事故の防止、拡大の防止のための装置）の破れ、という三つの基準で評価し、0〜7までランクされます。七九年にアメリカのスリーマイル島で起きた事故が「レベル４」でした。

Q **最近、原子力発電所や原子力施設での事故が頻発しているように思いますが、日本での事故はほかにどんな事故がありましたか？**

A 原子力発電所の事故としては八九年の東京電力福島第二原子力発電所三号機で再循環ポンプ破損事故がありました。これは国際評価尺度で「レベル０」でした。九一年関西電力美浜原子力発電所二号機では、放射性物質を含んだ一時冷却水の蒸気が大気中に放出される事故がありました。これは「レベル２」とされています。さらに九五年に動力炉核燃料開発事業団（動燃・当時）の高速増殖炉「もんじゅ」で事故があり、動燃の事故隠しが批判を浴びました。これは「レベル１」でした。九七年には同じ動燃の使用済み核燃料再処理施設での火災爆発事故がありました。約一〇時間燃焼し「レベル３」の事故となったのですが、人的被害はありませんでした。

Q 動燃といえば、この事故の後九八年に解散して、新設の核燃料サイクル機構に業務の多くが引き継がれましたね。なぜ、そこまで追い込まれたのでしょうか？

A 実は原子力委員会に提出した事故報告書に虚偽の記載があり、しかも虚偽報告について隠蔽工作を行ったことが明るみに出たのです。この件で動燃と虚偽報告をした職員が原子炉等取締り法違反で逮捕され、有罪となりました。現場を撮影したビデオから状況が生々しく写っている部分を意図的にカットしたり、悪質な事故隠しで非難された「もんじゅ」の事故から一年半後のことでした。動燃の企業体質に対する不信が一気に高まったのも当然でしょう。政府も動燃を解散させざるを得なくなったようです。

Q ジェー・シー・オーの事故では、ジェー・シー・オーのずさんな安全管理が問題になるとともに、原子力施設に対する国の監督、検査体制が問題になりました。現在、どういう体制になっているのですか？

A 原子力発電所の場合、運転開始までは通産省の管轄で安全審査が行われます。そのなかで原子力安全委員会の審査も受けることになっています。運転開始後と他の原子力施設については、科学技術庁の原子力安全局が監督、検査にあたっています。現場に出かけて検査などをしている職員は約三〇人。「数年に一度は行きたいが、とても無理」という、お寒い状態です。アメリカには職員三〇〇〇人をかかえる「原子力規制委員会」があります。

Q **原子力施設の事故といえば、八六年のチェルノブイリ（ウクライナ）の原子力発電所の事故が思い出されてますが、どういう事故だったのですか？**

A 当時のソ連（現在のウクライナ）のチェルノブイリにあった原子力発電所で起きた原子炉の暴走、爆発事故です。運転中の原子炉で事故を想定した実験をしていたときに、出力が急上昇して緊急停止も効かず爆発しました。消火にかけつけた消防士が大量に被曝し、三一人が直後に死亡。六〇〇km離れたところまで高濃度の汚染を受け、汚染地域は一〇万平方kmに及び、多数の村が廃墟となりました。そして、汚染地域での子どもの甲状腺がんの増加など健康への被害も数多く報告されています。この後、西ヨーロッパでは原子力発電所の建設をやめようという動きが出ています。

Q **広島の被曝者やチェルノブイリの事故の被曝者を見ますと、放射線が人体に与える影響のすさまじさがわかりますが、放射線障害について説明してください。**

A 人間の体は放射線を浴びると遺伝子や染色体、細胞などさまざまなレベルで障害が現れます。被曝量が多いと、まず、けいれん、ふるえといった中枢神経の障害、下痢など胃腸の障害、白血球の減少、出血があり、数週間以内に死亡します。被曝量が少ないと数か月以上の潜伏期間をおいて白血病やがんなどを発病します。さらに、遺伝的影響もあるとされていますが、よくわかっていません。

ダイオキシン法規制

九九年二月一日テレビ朝日のニュース番組が「埼玉県所沢市の葉菜はダイオキシン濃度が高い」と報道。その直後に所沢産の野菜が大暴落する、という事件があった。所沢市の農家からの激しい抗議にテレビ朝日が謝罪して事件は沈静化したが、皮肉にもこれがきっかけとなり七月にダイオキシンを規制する法律が成立した。

Q ダイオキシンは発がん性や生殖不全、免疫障害などを引き起こす「人類史上最強の猛毒物質」と呼ばれていますが、実際どういう物質なのか知っていますか？

A ダイオキシンは、七五種類のポリ塩化ジベンゾ・パラ・ダイオキシンと一三五種類のポリ塩化ジベンゾフランをひっくるめた総称です。これらの物質は人間の体内に入ると複数の内分泌系の作用をかく乱して、さまざまな生殖異常を引き起こす、と考えられています。

Q ダイオキシンが人間に被害をもたらした実例はあるのですか？

A その毒性を世界中に知らしめたのはベトナ

ム戦争時にアメリカ軍が散布した枯葉剤です。これにはダイオキシンが含まれていたのです。散布された地域では流産の発生率が通常の二・二〜二・七倍、奇形児が一三倍も増えたと報告されています。さらに、帰還したアメリカ兵の妻にも流産が一般市民の一・六倍、奇形児が一五倍という影響が出ています。

Q **世界保健機構（WHO）は九八年に、人が一日に摂取しても生涯健康に影響がないダイオキシンの量（TDI）を四ピコグラム（ピコは一兆分の一）としています。日本では、どうなっているのでしょうか？**

A 九七年一二月に法改正して、廃棄物処理場の排煙規制を主とした規制に乗り出しましたが、厚生省の規制基準値は一〇ピコグラム、環境庁の示した規制値は五ピコグラム。いずれも国際基準であるWHOの基準を上回っています。欧米に比べて対策が遅れていることは否定できません。

Q **二〇〇〇年一月からダイオキシン類対策特別措置法が施行されましたが、規制は十分になされるのでしょうか、どう思いますか？**

A 環境後進国といわれた日本が、WHOと同じ四ピコグラムという規制基準を採用したことは評価できます。しかし、肝心の発生源の排煙規制をどうするか、連鎖媒体となる食品中のダイオキシン量の基準をどうするかなど積み残された問題が多く、根本解決にはほど遠いといえます。

複合公害訴訟

九八年七月二九日、大阪高裁で西淀川公害訴訟の控訴審が提訴から二〇年を経て、和解という形で決着した。この訴訟は公害病認定患者七二六人（うち二二〇人以上がすでに死去）が原告という国内最大規模の公害訴訟であると同時に、工場の排煙と自動車の排気ガスによる「複合汚染」を追及した初めての訴訟として注目された。

Q 西淀川公害訴訟は提訴から二〇年を経て、ようやく九八年七月二九日に決着したわけですが、この訴訟はなにが争われたのですか？

A この訴訟の原告は大阪市西淀川区に住む住民七二六人（いずれも公害病に認定されている）です。健康を害するほどにひどい大気汚染に苦しんでいた彼らは、損害賠償と、国の環境基準値を超える排気ガスの排出差し止めを求めて七八年に提訴しました。損害の責任を問われたのは区内を通る幹線道路や阪神高速道路を設置、管理する国と阪神高速道路公団でした。最大の争点は自動車の排気ガスと健康被害の因果関係でした。結局、国と公団側はこの因果関係を最後まで認めず、裁判が長引く原因となりました。和解でも因果関係はあいまいなままです。

Q **西淀川区の大気汚染が工場の排煙による汚染と自動車の排気ガスによる汚染の複合したものだったことから「複合汚染」といわれていました。工場の排煙についての訴訟はどう決着したのでしょうか？**

A 工場の排煙についての訴訟は、九五年に企業側が解決金を支払うことで和解しています。

Q **チッ素酸化物（NO_x）、イオウ酸化物（SO_x）鉛、炭化水素など、いくつかの汚染物質が複合して起こる汚染を「複合汚染」といいますが、複合することで被害は大きくなるのでしょうか？**

A 個々の汚染物質についてはその人体に対する影響は明らかになっているものが多数ありますが、複合汚染による影響については、よくわかっていません。したがって規制も個別に行われていて、複合汚染に悩む地域では現実にそぐわないものも見られるようです。また、増加するディーゼル車から出る浮遊粒子状物質のように、気管支ぜんそくや花粉症との関連が強く、発がん性が心配されていながら規制対策が遅れている物質もあります。

Q **一時騒がれた「光化学スモッグ」も複合汚染の一種なのでしょうか？**

A チッ素化合物と炭化水素が太陽の紫外線を受けて化学反応を起こして発生する、といわれていますから複合汚染の一種といえます。

環境ホルモン汚染

九一年に野生動物の生殖やがんの問題に取り組んでいる科学者がアメリカに集まり生物の体内に入ってホルモンの作用をかく乱する化学物質の存在が確認された。この物質は環境中に放出されていて野生動物に生殖異変を起こしており、人間の体内にも蓄積されていることがわかっている。この物質が「環境ホルモン」である。

Q 環境ホルモンは、正式には「内分泌かく乱物質」という難しい名称で呼ばれていますがどういう意味なんですか?

A 人間の体内では常にホルモンがつくられ血液中に放出されています。このホルモンで結ばれたネットワークを内分泌系といい、この物質が内分泌系に入り込み、ホルモンの正常な働きをかく乱することから「内分泌かく乱物質」と呼ばれています。ですから、体内に入ると生殖機能への影響が強いのです。

Q 環境ホルモンという言葉の意味は?

A この物質は、われわれを取り巻く環境の中に存在していて、生物の体内に入るとホルモンに似た作用をすることから「環境ホルモン」とも呼ばれています。

Q 環境ホルモンは現在約七〇種類見つかっているといわれていますが、人にどんな悪い作用をするのか、具体的に教えてください。

A アメリカでは乳がんにかかる女性の割合が五〇年前の二・五倍に増えています。乳がんの原因は遺伝的なものが五％。ほとんどが後天的な要因で、その最大のものが一生の間に体内でつくられるエストロゲン（女性ホルモン）の量です。環境ホルモンには、体内に入ってこのエストロゲンの量を増やす作用があることがわかっています。アメリカ国立がん研究所では、現在六〇〇万ドルをつぎこんで乳がんと環境ホルモンの因果関係を研究しています。

Q 男性にも影響があると聞きましたが、本当ですか？

A 精子の数の減少や精子の奇形、精巣の下降不全などの異変が最近増えています。これも「胎児期に高レベルのエストロゲンに晒された結果だ」として、環境ホルモンが増加の原因だとする研究報告があります。

Q ポリカーボネイト（ＰＣ）製の食器を学校給食用の食器から外そうという動きが自治体にあるようですが、どうしてなんですか？

A 実はポリカーボネイト食器に九五度の熱湯を入れるとビスフェノールAという環境ホルモンが溶け出すことがわかったからです。

家電リサイクル法

二〇〇一年四月から施行される「特定家電用機器再商品化法」を一般に「家電リサイクル法」と呼んでいる。この法律では、消費者が下取りを求めれば販売店は引き取る義務があり、メーカーはそれを廃棄物として処理するのではなく、定められた基準に従ってリサイクルしなければならない。ただし、費用は消費者が負担する。

Q 九一年に施行されたリサイクル法（再生資源の利用の促進に関する法律）があるにも関わらず、なぜ家電リサイクル法がつくられたのでしょうか？

A リサイクル法では、メーカーなどにリサイクルを進めるように定められていますが、罰則がなく強制力に欠けるためあまり効果が上がっていません。そこで家電リサイクル法は、「メーカーが製品の回収・リサイクルまで責任を持つ」という考えを法制化して、販売店の下取り、メーカーのリサイクルを義務づけたものです。これで自治体が回収している粗大ごみや販売店やメーカーから出る家電廃棄物の減少を期待しているのです。

Q 家電リサイクル法では、消費者がリサイクルの費用を全額負担することになっていますが、具体的にどのくらいの額なのですか？

A 当面リサイクルの対象になるのはテレビ、冷蔵庫、洗濯機、エアコンの四品目に限られています。いずれも大型商品で粗大ごみとしてしか廃棄できなかったものです。費用についてはメーカーが製品ごとに決めて販売店が消費者から徴収することになっています。

その額はメーカーの自由裁量ですが、通産省の試算ではテレビ三〇〇〇円、冷蔵庫五〇〇〇円、洗濯機二五〇〇円、エアコン四〇〇〇円程度になる見込みです。

Q 消費者がこれまで無料だった下取りに抵抗なく費用を負担するか疑問ですし、施行後にいろいろ問題が出てくるのでは？

A 日本では長くごみ回収は無料でしたが、欧米では有料の都市が多いのです。最近は日本でも財政悪化もあって自治体が家庭ごみの有料化の方向に動き始めています。それよりも問題はメーカーのリサイクルへの対応です。

日本よりリサイクルが進んでいる欧州では製品設計の段階ですでにリサイクルが想定されています。日本では、リサイクル法でもリサイクルしやすいように材料や材質の工夫をメーカーにさせることになっていますがメーカーの対応が遅れています。この点が一番の問題でしょう。また、リサイクルの技術やコストの面でも解決しなければならない問題が残されています。

干潟サミット

九七年七月、全国各地の干潟の保全を考える「日本干潟サミット」が長崎市平和会館で開催された。サミットには全国六〇の自然保護団体で組織する「日本湿地ネットワーク」など市民団体のメンバーと国会議員ら約三〇〇〇人が参加。「ひん死の諫早湾をよみがえらせ、干拓事業の再検討を行う」よう訴えるアピールを採択した。

Q 諫早湾は九七年四月に湾の約三分の一が全長七㎞の堤防で締め切られましたが、その後計画の見直しはされたのでしょうか？

A 長崎県の諫早湾は、県の干拓事業のために三五五〇haが堤防で締め切られたあと、計画の見直しを求める声が根強くありますが、計画どおり一四七七haは農地として造成され、湾の奥には九州最大の淡水湖が生まれることになっています。

Q 干潟サミットでは諫早湾に関するアピールが採択されましたが、ほかの干潟の保全、自然の保護はどうなっているのでしょうか？

A 福岡県の曽根干潟、徳島県の吉野川河口干潟については、その後日本湿地ネットワーク（全国六〇の自然保護団体で組織）が保全を求めて一二万六〇〇〇人の署名を集め、九九年七月に小渕首相と真鍋環境庁長官に提出しています。愛知県の藤前干潟と千葉の三番瀬は九九年になって計画が中止あるいは縮小されることになりました。

Q 藤前干潟は埋め立てて二〇〇一年から一般廃棄物の処理場が建設される予定でしたが、地元住民の反対と環境庁の見直し申し入れがあって計画の中止が九九年一月に発表されました。六月には千葉県がごみ処理場にする計画のあった三番瀬の埋め立てを計画の七分の一にすると発表しています。こうした動きは広がるのでしょうか？

A スタートしないまま長期間停滞している公共事業について、時代の流れなどを考えて計画を見直し、事業を継続するか中止するかを判断し直す動き（時のアセスメント）が九七年から出てきました。最初に行ったのは北海道でしたが、その背景には財政赤字がありました。同じ悩みを抱える自治体は他にもありますから、広がる可能性はあるでしょう。

Q 自然環境の保護を語るときによく出てくる「ラムサール条約」というのは何ですか？

A 総合的な水環境の保全を目的にした国際条約で、九一年イランのラムサールで締結。現在、締約国は一一四か国。沖縄県の漫湖、千葉県の谷津干潟など国内一一か所、世界九七五か所が保全すべきとして登録されています。

地球温暖化

一八八〇年代からの一〇〇年の間に地表面の平均気温は約〇・六度上昇している。このまま大気中の二酸化炭素などの気体（温室効果ガス）が増え続けると、二一世紀の終わりにはさらに二度くらい上昇する、という予測がある。これに対応して九二年国連で地球温暖化防止条約が締結され温暖化防止への取り組みが始まった。

Q 地球温暖化の原因といわれる「温室効果ガス」というのは、どういうガスなんでしょうか？

A 大気中にガスがたまって私たちが住んでいる地表面がまるで温室のような状態になり、地球が温暖化すると考えられています。この地表面を温室のようにしているガスのことを「温室効果ガス」といいます。具体的には二酸化炭素、メタン、フロンなどをさします。

Q 九二年に国連で締結された地球温暖化防止条約は、どんな内容のものですか？

A 地球温暖化防止への世界的な取り組みのスタートとなった条約で、正式には「気候変動枠組み条約」といいます。日本を含む一五五か国が署名しました。これには、二酸化炭素を九〇年代の末までに九〇年レベルにまで戻すことを目指す、と書かれています。二〇〇〇年以降の温室効果ガス削減については先送りとなりました。

Q 九七年京都市で行われた地球温暖化京都会議（気候変動枠組み条約第三回締結国会議）には一六〇か国以上が集まったそうですがどのようなことが決まったのですか？

A 主に二〇〇〇年以降の二酸化炭素の削減量について話し合われました。小島しょ国連合（小さな島からなる国の連合）は温暖化で海面が上昇すれば領土を失うため「二〇〇五年までに九〇年レベルの二〇％削減」というもっとも厳しい提案をしました。これに対して欧州連合は七・五％、日本は五％を提案。難航しましたが、「二〇〇八〜一〇年までに先進国全体で九〇年に比べ温室効果ガスの総排出量を少なくとも五％削減させる」ことで合意しました。

Q 京都会議の後に推進法ができましたが、地球温暖化に対する日本の取り組みはどうなっているのでしょうか。

A 京都会議の翌年九八年一〇月に発効したのが地球温暖化対策推進法です。日本は京都会議で六％の削減を約束していますが、この法律は対策の枠組みを定めた内容に止まっていて、温室効果ガスを排出する企業への規制といった部分は産業界などの反対もあって盛り込まれませんでした。したがって、実効性に疑問を持つ人も少なくありません。

スポーツ／芸能ミニミニ事典15

●二〇〇二年のワールドカップサッカー●

日本のサッカーは、一九九八年のフランス・ワールドカップに初出場しました。結果としては一勝もできませんでしたが、悲願のワールドカップに出場したことによって、国際舞台に存在を示したことになったと思います。ことに、サッカーのワールドカップの経済効果は、オリンピック以上ともいわれるくらいに大きなものがあります。日本は、その舞台を韓国とともに、アジアで最初に提供できる立場にあるのですから、ホスト国としても、一九九八年にフランスワールドカップに出場したということは大きな意味があったのではないでしょうか。なお、全世界の注目となる決勝戦の会場は、横浜国際競技場が有力とされています。

スポーツ／芸能ミニミニ事典16

●テレビ番組ヤラセ事件●

演出が過剰すぎてあまりにも事実から離れてしまったこと、あるいは、最初からそういった事実は存在しなかったということが具体的に明らかになってしまって、そのことがヤラセ事件として問題視されています。とくに、フジテレビで放映されていた、『愛する二人、別れる二人』という番組でのことでした。

それは、番組の内容からしても、そもそも野次馬的な要素が強かったのでしょう。この場合、最初から事実ではないということを明らかにしておけば、そういう問題は起きませんでした。ただ、番組の性質上、演出を強調しすぎて、過度な仕込みとなりヤラセということを生んでしまったというのが、この問題の背景となっていたのです。

第6章

社会問題

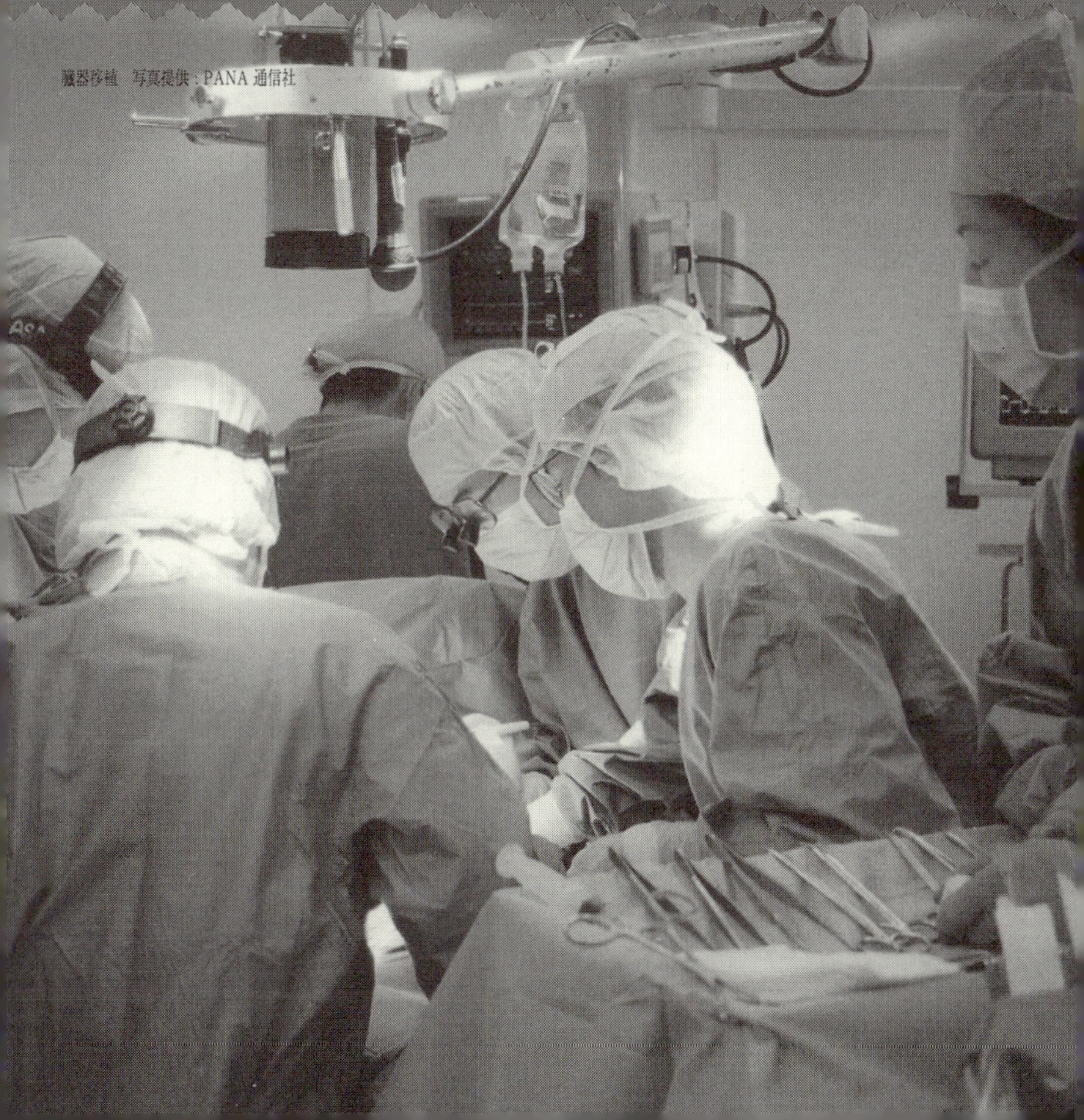

臓器移植　写真提供：PANA 通信社

完全失業率

総務庁の「労働力調査」によると、九九年六月、七月連続して完全失業率が過去最高の四・九%を記録した。一〇月には〇・三ポイント持ち直し四・六%となっているが、九一年の二・一%から実に二倍以上、アメリカの失業率（四・二%）を上回っている。日本も欧米先進国のような「高い失業率の時代」に突入したようだ。

Q

日本は、先進国のなかで長い間失業率の低い国として知られてきましたが、最近は失業率が上昇して欧米並みになったといわれますが実態はどうなのでしょうか？

A 九一年の二・一%を底にして上昇傾向が続いています。九五年に三・二%、九八年四月には四%の大台に乗り、九九年六月には四・九%と五%に手が届くところまできています。アメリカの失業率に比べても九九年五月の時点で〇・四ポイント上回っており、日米の逆転現象はここ一年続いています。

Q

最近の傾向として「ホワイトカラーの失業」がいわれています。どういう意味ですか？

A これまでの不況による失業率上昇はブルーカラー（生産部門で働く労働者）の離職が大きな要因でした。しかし、最近はホワイトカラー（事務部門）の労働者の離職が目立ちます。男性、なかでも中高年の非自発的離職（リストラや倒産など）が増えている理由がここにあります。その背景には不況による「人余り」もありますが、円高や規制緩和で引き起こされた産業構造の変化を見逃せません。再生、生き残りをかけたリストラにホワイトカラーも聖域ではなくなったといえます。

Q 現在の高い失業率は今後も続くのでしょうか？ どう考えますか。

A 日産・村山工場の閉鎖、金融機関の再編の動きなど、大企業のリストラはいまだ終わっていませんから今後も続くと考えられます。

Q 労働市場の動向を知る指標として「完全失業率」と「有効求人倍率」が使われています。どのようにして計算されているのですか？

A 働く意思と能力を持ち、求職を希望しているのに職につけていない人を「完全失業者」といいます。この完全失業者の数を労働力人口（経営者、自営業者、家族従業者を含めて職についている人の総数）で割ったものが「完全失業率」です。

「有効求人倍率」は、公共職業安定所（ハローワーク）に登録されている求人数を求職者数で割ったものです。最近は、ハローワークで職をみつける人は全体の二〇％を下回っていて、指標としての意味が薄れています。

ベア・ゼロ

九三年の春闘を前にして日本経営者団体連合会（日経連）は「生産性向上が見込めない場合、雇用維持のための賃上げ回避はやむをえない」として、ベア・ゼロ（賃金のベース・アップをしないこと）を提唱。それからずっと経営者側はベア・ゼロの方針を続けているが、労働者側も「賃上げより雇用確保」に向かっている。

Q 五六年から産業ごとに労働組合が共同して経営者側に賃上げを求める「春闘」が行われていますが、そこで決められる「ベア」というのは何なのですか？　説明してください。

A ベアというのは、定期昇給に上乗せして、生産性向上に見合った賃金アップをすることです。

よくベース・アップといわれるのは、この賃金アップの率を上げることを意味します。もともと春闘は、賃金の企業間格差をなくそうという考えで行われていたものです。これに対して経営者側は「生産性に見合った賃金」を常に主張してきましたが、高度成長にも支えられて労働者側の主張を入れる形で毎年ベースアップが行われてきました。しかし、バブル崩壊と国内外の競争の激化で、人件費コストが経営を苦しめることになってきました。

Q 日経連の「ベア・ゼロ」論の根拠はどこにあるのでしょうか？

A 九三年の春闘で日経連は、賃金を上げても「生産性向上が見込めない場合、雇用を維持するための賃上げ回避はやむをえない」として、初めてベア・ゼロ論を提唱しました。その背景にはバブル崩壊による経営悪化があります。

さらに、九七年日経連は「賃金は個別企業の労使が自社の経営環境などに即して決めるべきだ」と述べています。国内外の企業間の競争が激化して、産業全体で同一賃金を守ることができなくなったのです。さらに、国際的な競争力を強化するにはコスト削減、とくに人件費の削減が避けられない状況になっています。

Q 「ベア・ゼロ」論は日本的雇用システムの崩壊の兆候と考えていいのでしょうか？

A 終身雇用制、年功序列賃金、企業内組合が日本的雇用システムといわれています。すでにリストラや中途採用の増加で終身雇用制は崩れはじめています。年功序列賃金は、年齢を重ねるのに応じて賃金を上げる制度ですが、一年間の成果、貢献度に応じて一年の給料総額を決める年俸制度を採用する企業が増えてきています。

全社員一律に賃金を上げる「ベア」とは別の方向に日本の賃金制度が変わりつつあることはたしかです。

住宅ローン破産

住宅金融公庫のローン返済不能者の債務は公庫住宅融資保証協会が肩代わりすることになっている。この肩代わり返済（代位弁済）の額が九七年度末に前年比一七・二％増となり、住宅ローン破産が急増していることが明らかになった。通産省では九八年度から返済期間を延長する救済処置を導入するなど対応策をとっている。

Q 住宅ローンが返済不能になってマイホームを手離すという「住宅ローン破産」が増えていると聞きますが、どうなのでしょうか？

A 住宅金融公庫では、住宅ローン返済不能者の債務は公庫住宅融資保証協会が肩代わりすることになっています。この肩代わり返済（代位弁済）の額が九七年末に前年比一七・二％を記録したあとも増加の一途をたどっているのです。また、民間の金融機関で住宅ローンを組み返済不能になってマイホームを競売にかけるケースも、バブル崩壊以後急増しているといわれています。

Q 住宅ローン破産が増えている理由は？

A バブル時代に購入した人の多くは、住宅価格もローン金利もピークのときに高額のローンを組んでいます。その後金利引き下げでローンの組み換えをした人もいるでしょうが、毎月の支払い額は少ないものではないはずです。そこへ、不況による倒産やリストラによる失業です。職を失わなくても賃金のカットやアップ率の低下などで収入がダウンして返済不能におちいる例も少なくありません。

Q 住宅金融公庫の「ゆとり返済」制度が逆に返済不能の引き金になっているそうですね？

A 「ゆとり返済」は、最初の五年間は返済額を抑えてゆとりをもたせ、賃金がアップする六年目以降から返済額を増やすという制度です。この制度を利用して六年目に返済不能になるケースが公庫ではもっとも目立っています。通産省では返済期間の延長など救済措置をしていますが、制度自体の廃止も検討中です。この制度は賃金が毎年アップすることを前提としていて、賃金が上がらない時代には適さないものといえます。

Q ローン破産の一方で、住宅ローン減税など住宅ローンを促進する政策もとられています。そのねらいは何でしょうか？

A 九九年度の税制改正で、九九年～二〇〇〇年の二年間に（その後延長が決定）住宅を購入、新築した人を対象にした減税です。これは、低金利と合わせて個人住宅の購入を促進するためのもので、景気対策の一環です。

学級崩壊

児童が教室を歩き回ったり、騒いだりして授業ができない状態が日常化している学級をさして「学級崩壊」と呼んでいる。小学校でとくに顕著に見られる現象で、全国の教育委員会の調査をみると全学級の1割程度が「学級崩壊」を起こしている。その原因については児童側に求める意見と教師側に求める意見で分かれている。

Q 現在、教育現場の最大の問題として取り上げられている「学級崩壊」というのは、どういう現象をいうのでしょうか?

A 教師の側からいえば学級経営が成り立たない、児童の側からいえば学級とはいえない状態が長期間続いていることを「学級崩壊」といっています。具体的には、授業時間になっても席につかないで騒いでいる、教師が注意しても聞かない、授業中に教室を歩き回る、気に入らないと大声で泣きだす、集団で教室から出ていくなどなど。いわば教室が無秩序になっている現象です。

Q なぜ、教室が無秩序な状態になったのでしょうか?

A これは意見の分かれるところです。子どもが少ないせいかわがまま放題に育てられ、集団生活に適応できない子どもが増えたせいだ、とする意見があります。一方、教師になって一〜二年の経験の少ない教師の学級に多いことから教師の指導力不足を挙げる人がいます。いずれも間違っていないのではないでしょうか。一概にはいえませんが、両方がからみあって起こっている、と考えられます。

Q 九九年一月の日教組（日本教職員組合）の学校再生を誓うアピールに「画一性の優先や明日のために現在を犠牲にする受験戦争など学校文化が持つ否定的な側面に、子どもたちがもはや従う意味を感じなくなっている」とありますが、どう考えますか？

A 九七年度の教員の休職者数は四一七一人、うち一六〇九人（四〇％）が精神性疾患によるもので、前年比一六・二％増。年々増える傾向にあります。学級崩壊が原因とはいえませんが、教師が自分の仕事に悩んでいることは事実です。日教組のアピールは、教師自身がそう思い悩んでいるのではないのか、と思わせます。

Q 「学級崩壊」をなくすための対策はとられているのでしょうか？

A 新任の教師に研修期間を設けるとか、教員採用制度を見直すといった、教師の側に責任を求めた対策は考えられています。しかし、子どもたちをどうするか、対策はないようです。

少年法改正案

神戸の連続児童殺傷事件（九七年）や少年による犯罪の凶悪化が進むなかで少年法の改正を求める声が高まっている。現行少年法は犯罪をおかした少年を罰するのではなく、保護し教育して社会に復帰させることを目的にしている。そのため被害者の側からは「被疑者に甘い」と非難され、凶悪化の原因に少年法を挙げる人もいる。

Q 神戸の連続児童殺傷事件（九七年）が衝撃的だったことから、少年犯罪の凶悪化が真実味を増して受け取られていますが、実際はどうなのでしょうか？

A 少年による凶悪犯罪（殺人、強盗、放火、強姦）や粗暴犯罪（暴行、傷害、脅迫、恐喝、凶器準備集合）が大幅に増えていることは事実です。九七年上半期（一～六月）に補導された少年の数は、凶悪犯が前年比五九・〇％増、粗暴犯が前年比二五・六％増。その後も増加の傾向が続いています。

Q 覚醒剤の乱用や援助交際なども増えていると聞きますが、どうでしょうか？

A 高校生の覚醒剤汚染はここ数年著しく広がっています。九七年上半期の補導数は前年比三二・一％という高い数字になっているのです。最近は携帯電話で売買が行われ警察の摘発が難しくなっています。ほとんど売春と変わらない援助交際は、東京都の調査で女子高校生の四〜五％が経験者といわれています。

Q **神戸の事件のあと、法制審議会で少年法改正が審議されて改正案がまとめられそうですが、その内容を教えてください。**

A 審議会では少年犯罪の裁判にあたる「審判」の手続きについて主に議論されました。改正案の最大のポイントは、弁護士が付き添うことを条件に、三年を超える懲役・禁固にあたる罪の事件に関する審判で、検察官の立ち会いを認めたことです。現在は裁判官一人で行われていますが、「一人では真実を見抜けないのではないか、という国民の不信をぬぐい去ることができない」として改正されました。

そのほか、被害者に配慮して少年の氏名や犯罪の事実を被害者に通知することや、身柄拘束期間を現行の三倍にすること、検察側が高等裁判所に抗告できることなども盛り込まれる予定です。

Q **処罰を強化する改正はないのですか？**

A 少年による凶悪な犯罪が起こるたびに、そうした声が高まりますが、法曹界はおおむね慎重です。ただちに厳罰化に向かわず、手続きの改善で対処しようという姿勢です。

成田空港問題

成田空港（新東京国際空港）の建設が決まったのが六六年。滑走路一本で開港したのが七八年、実に一二年かかった。さらに二〇年以上たった現在、二本目の滑走路はいまだできておらず、二〇〇二年のサッカーW杯に向けて仮の滑走路建設が進められているが、計画どおり三本の滑走路が完成するのはいつになるのか、霧の中である。

Q 日本の空の表玄関として六六年に成田空港の建設が決まってから三五年近くたった現在でも完成していません。どうしてこんなことになってしまったのでしょうか？

A 空港建設が決まった段階から地元に反対同盟が結成され、反対運動がありました。

これに対して国は土地収用法に基づく強制代執行を七一年に二回行ったのです。この強硬措置に反発して反対運動が加熱。土地買収が難航することになりました。

しかたなく七八年に滑走路一本で空港はとりあえず開港。その後一三年間は国が特別な動きをしなかったためそのままの状態が続きました。九一年になって国は状況打開のために動きを見せます。

Q 九一〜九四年の「成田空港問題シンポジウム」の開催ですよね?

A 反対同盟のなかで最大の熱田派と「シンポジウム」と「円卓会議」を開いて、国は七一年の強硬な措置について謝罪。三本目の横風滑走路を凍結したうえで二本目の滑走路については話し合いで解決にあたることを約束しました。そして空港づくりを監視する第三者機関「共生委員会」が九五年に、騒音対策をするための「共生財団」が九七年に発足。その結果、用地内に残っていた八戸の農家のうち六戸が九七年までに移転に合意したのです。

Q 第七次空港整備計画が閣議決定されたのが九六年ですね。それには二〇〇〇年度中に二本目の平行滑走路を建設することになっていたはずですが、進んでいませんよね?

A 残っている二戸の反対派農家の用地売却が進まないため九九年五月に運輸省は二〇〇〇年完成を断念しています。しかし、二〇〇二年のサッカーW杯(ワールドカップ)のために暫定滑走路の建設を決定しました。その滑走路は最初の予定より北にずらし、長さも約二二〇〇mと短いものになる予定です。

Q 成田空港の全面完成はいつになるのですか?

A いつになるか見通しもたっていません。最近は、都心から遠い成田空港を嫌って、羽田空港の国際線利用案が具体化してきています。

臓器移植

九九年三月、臓器移植法が施行されてから初めての臓器移植が行われた。高知赤十字病院にくも膜下出血で緊急入院した女性から心臓、肝臓、腎臓が摘出され、移植を待っていた三人の患者に移植手術が行われたのである。その後二回臓器移植が行われ、いずれも成功している。日本でもいよいよ臓器移植が現実のものとなった。

Q **九七年六月に施行された臓器移植法は、国会の審議でも、脳死を死とするかどうかが大きな争点になりました。脳死って何ですか？**

A 脳死というのは、脳がその機能を停止することです。自然な死の場合は、まず呼吸が停止し、心臓が止まり、脳の機能が停止して瞳孔が開きます。しかし、事故や脳の病気の場合に最初に脳が機能停止になることがあります。人工呼吸器をつけている場合もそうです。脳が死んでいるのに心臓が止まっていない状態を「脳死」といいます。

Q **臓器移植法では、脳死を死とすることになっているのですか？**

A これまで日本では「心臓死を死」としてきましたが、心臓が停止してからでは心臓の移植はできません。他の臓器についても生きている新鮮な状態で移植することが望ましいのです。臓器移植を可能にするには「脳死を人の死」としなければならないのです。臓器移植が盛んな欧米では「脳死を人の死とする」考えが一般的になっています。

しかし、日本では「心臓死を死」とする考えが根強く、法律で「脳死を人の死とする」ことにはなりませんでした。臓器移植法では臓器移植をする人に限って「脳死を人の死とする」と定めています。

Q 脳死の判定は難しいようですね。施行後最初の移植となった高知赤十字病院でも、手順の間違いがあったといわれています。どのように行われるのですか？

A 判定に入る前に本人の意思表示を書面（臓器提供意思表示カードなど）で確認した後、家族の同意を得ることになっています。本人の意思が確認できれば移植ができる欧米に比べると、規制が厳しいといえます。

脳死判定は全国三五三の医療機関でしか行えないことになっており、厚生省の基準に基づいて二人の医師によって行わなければなりません。判定のチェックポイントは①深い昏睡状態にある、②瞳孔が固定し開いている、③脳幹反射がない、④脳波が平坦である、⑤自発呼吸をしていない、など七項目です。この判定を少なくとも六時間をあけて二回行います。二回とも脳死であれば「脳死」と判定されます。

Q 臓器を提供する患者と移植される患者をつなぐ役割をする「日本臓器移植ネットワーク」というのは、どんな組織なのですか？

A 提供された臓器を必要な患者に公平に分配するための第三者機関として、臓器移植法施行と同時に認可された社団法人です。国立さくら病院を中心とした「日本腎臓移植ネットワーク」を衣替えして発足しました。臓器提供者の情報が入ると全国七つのセンターに待機している移植コーディネーターが病院に派遣されます。ここで、提供する家族に対する臓器移植の説明、提供する臓器に関する情報の聴取を行い、センターに報告します。これを受けてセンターではコンピューターによって移植を受ける患者の選択を行い、決定しだい移植手術をする病院へ連絡するのです。

Q 臓器提供意思表示カード（ドナーカード）がないと臓器提供できないのでしょうか？

A 日本移植学会が中心になって配布しているカードです。カードには、「脳死後臓器提供する」、「心臓停止後臓器提供する」「提供しない」の、三つの意思を表示することができます。カードを持っていないと、意識を失ったときなど本人の意思を確認できないので、臓器を提供できません。したがって、提供したいと思っている人は必ずこのカードを携帯している必要があるのです。臓器移植はドナー（提供者）がいなければ始まりません。どこの国でもドナー不足が最大の問題なのです。一九八年一〇月の調査ではカードを持っている人は全国でわずか三％にすぎません。ドナーカードの普及が期待されています。

Q 二〇〇〇年一月に外国で心臓移植を受けて帰国した幼児のニュースをみましたが、日本では子どもの臓器移植は認められていないのでしょうか？

A 一五歳未満の子どもは臓器を提供することも移植を受けることも現在のところ許されていません。どうしても移植をしたいときは数千万円の費用をかけて海外にいかなければなりません。この問題は将来、臓器移植法の見直しのときに論議されることになるでしょう。

Q 移植手術の費用は相当高額になると思われますが、健康保険は適用されるのでしょうか？

A 現在は適用されていません。

スポーツ／芸能ミニミニ事典17

●上げ底靴とガングロ●

一九九九年も末頃になって、若い女性のファッションとして登場したもので、靴底が一〇センチ以上もあるような分厚い上げ底のブーツスタイルの靴と、顔を真っ黒に塗りたくって、唇を白や黄色に染める、通称「ガングロ、ヤマンバ」と呼ばれているものです。

これらはいずれも一〇代から二〇歳前後の女性のファッションとして突如流行してきたものでした。しかし、歩きにくくて動きが鈍くなる上げ底靴で転倒しての事故や、車を運転していてブレーキが踏めなかった事故などが発生してきています。また、ガングロも医学的にも皮膚にはあまりよいものではないということがいわれてきていますが、現状では静観するしかないようです。

クローン食品

九八年七月五日、日本で初めてのクローン牛二頭が石川県畜産総合センターと近畿大学畜産学研究室の手で生まれた。この技術を駆使すれば、同じ味のおいしい肉を提供する牛を大量に作り出すことが可能となる。となればその肉を使った「クローン食品」も近い将来、遺伝子組み換え食品と並んで食卓に上るかもしれない。

Q バイオテクノロジーの分野では遺伝子を操作する技術が発展して、その技術を応用して医薬品や洗剤がつくられ、さらに農作物や畜産に応用範囲を広げている、といわれています。クローンはそのひとつなのですか？

A 遺伝子操作には、クローニング、キメラ、ハイブリッド、遺伝子組み換えといったものがあります。クローンは、成長した生物から細胞を取り出して親と遺伝子が全く同じ子どもをつくる技術です。すでに植物や動物の細胞を使ったさまざまなクローンが研究されています。たとえば、ユリ、ラン、イチゴなどのクローン苗はすでに利用されている。この苗を使えば、美しい花をつけるユリを大量につくることができるのです。

Q **九七年二月、科学雑誌「ネイチャー」に掲載されたイギリス・ロスリン研究所のクローン羊ドリーの誕生は全世界に衝撃を与えました。あのドリーはどのようにして生み出されたのでしょうか。**

A ドリーは母親から取り出した乳腺細胞を使って生まれました。乳腺細胞から核を取り出し、別のメス羊の核を除去した受精していない卵細胞に移植します。やがて、その卵細胞が細胞分裂を起こして母親と遺伝情報（ＤＮＡ）が全く同じ子どもが生まれたのです。

Q **ドリーは、ほかのクローン動物とどこが違って、世界中が騒いだのですか？**

A これまでのクローンは、受精卵や細胞分裂を少し起こした胚から細胞核を取り出していたので、子ども同士はクローンでも親子はクローンではありませんでした。ドリーの誕生で優秀な羊や牛のコピーを大量に生産することが可能になったのです。

Q **もしそれが実現すれば畜産に革命が起こるのではないでしょうか？。**

A 九八年二月に石川県畜産総合センターと近畿大学畜産学研究室が誕生させたクローン牛はドリーと同じ方法が採用されました。つまり成牛の体細胞から核を取り出したのです。これで肉牛生産や乳牛生産、ひいては肉製品や乳製品に大きな変化をもたらす可能性が開けました。

高齢化社会

二〇〇〇年四月から介護保険制度がスタートする。日本の総人口に占める六五歳以上の高齢者の割合は二〇〇〇年が一七・二%。二〇年後には四人に一人が高齢者という時代がやってくる。政府はその対策として八九年に「ゴールドプラン」を発表したが、高齢化の速度が速く九五年についで二度目の見直しが求められている。

Q 先進国のなかでも高齢化のスピードが速いといわれる日本ですが、そんなに速く進んでいるのですか。具体的に説明してください。

A 日本の総人口に占める六五歳以上の高齢者の割合は、「国勢調査」によりますと、五〇年前は四・九%。二〇人中一人しか高齢者はいませんでした。しかし、右肩上がりで着実に増えて、国立社会保障・人口問題研究所の推計によりますと二〇〇〇年には一七・二%。六人に一人が高齢者となります。これは、スウェーデンと肩を並べる数字で、世界で一、二を争う高齢者国です。そして一〇年後には五人に一人、二〇年後には四人に一人、五〇年後には三人に一人が高齢者という、世界一の高齢者国に日本はなるといわれています。

Q 高齢化社会の到来に向けて政府は八九年に「高齢者保健福祉推進一〇か年戦略」、いわゆるゴールドプランを発表していますよね？

A 内容は七項目からなっています。①市町村における在宅福祉対策を緊急に整備する。②寝たきり老人をゼロにする。③長寿社会福祉基金を整備する。④老人のための保健、福祉施設を整備する。⑤高齢者に生きがいを与える対策を推進する。⑥長寿科学研究推進一〇か年事業を行う。⑦高齢者のための総合的な福祉設備を整備する。これらを九九年までに整備すべきだとされています。

Q 九五年につくられた新・ゴールドプランでは、その内容がどう変更されたのですか？

A ゴールド・プランを見直すとともに、具体的な整備目標数値が書き加えられました。たとえばホームヘルパーを一〇万人から一七万人に増やすなど在宅の高齢者に対するケア・サービスの充実が強化されています。また、地域でのリハビリテーションを実施する体制の強化がはかられました。さらに高齢者の住宅対策や高齢者が住みやすいまちづくりの推進といったことも新たに盛り込まれています。

Q 現在、新・新ゴールドプランの策定を望む声が高まっているそうですね。

A 介護保険制度の実施とも絡んで整備の速度をあげるように福祉の現場は望んでいます。

少子化社会

日本の出生数、出生率ともに七三年をピークに下降し続けています。九五年には、いずれも七三年の二分の一程度で、高齢化とともに大きな問題となってきました。少子化が進む背景には二〇歳代の女性の出産率が激減していることがあります。そこでエンゼル・プランなど育児環境を整備するための対策がとられはじめています。

Q ひとりっ子が増えていることは以前からいわれていましたが、日本の「少子化」の進行状況をまず説明してください。

A 戦後、第一次ベビーブームといわれた四九年と第二次ベビーブームといわれた七三年をピークにして、七四年以後は出生数、出生率とも下降し続けています。出生率（人口千人対）をみますと、七四年一九・四人だったものが九五年に九・六人と半減しているのです。また出生数は戦後最低の約一九〇万人です。出生総数に占める第一子の割合が五〇%に近づいていることでもそれがわかります。五〇年前は第三子以上が半数近くだったのですから「少子化」は明らかです。このままいけば人口の減少は避けられないといわれています。

Q 人口増加になるか人口減少になるかを判断する指標として「合計特殊出生率」がありますが、これはどのように計算するのですか?

A 「合計特殊出生率」は、一人の女性が一生の間に生む子どもの数(予測)のことです。一歳~四九歳までの女性が生んだ子どもの数を年齢別に平均を出し、その平均数を合計して三五で割ったものが「合計特殊出生率」です。

Q 日本の「合計特殊出生率」はどう動いているのでしょうか、説明してください。

A 現在の人口を維持するためには「合計特殊出生率」が二・〇八以上である必要があります。日本は七四年にそれを下回り、八二~八三年にかけて若干上昇したものの、九七年には過去最低の一・三九人になっています。つまり、日本の人口減少は必至の状況です。

Q 「少子化」の原因については女性の社会進出がいわれていますが、どう思いますか。

A 「少子化」の原因については、女性の晩婚化、未婚化がいわれています。たしかに二五~二九歳の未婚率は四九・〇%(九五年)で、五〇年前の約三倍です。平均初婚年齢は女性の場合二六・三歳(九五年)で二〇年前と比べると一・六ポイントと率はさほどではありませんが、上昇し続けています。それよりも母親の年齢別出生率で二〇歳代が半減しているのが問題です。女性が子どもを生みたくなる環境、子育てのしやすい環境が望まれます。

Q **仕事と育児の両立を法律の面から援護するため九二年に「育児休業法」が、さらに九五年に「育児休業給付制度」が創設されました。まず「育児休業法」の内容を説明してください。**

A 育児休業法（育児休業等に関する法律）は子どもが一歳になるまでその養育のために親が休暇をとることを認めた、画期的な法律です。雇用期間が一年以上であれば、従業員からの申し出を経営者は拒否できないと定められています。しかし、罰則がないなど実効性に疑問がもたれ、九五年六月に改正された新法では育児休業を理由とする解雇はできないことが明文化されました。また、新法には家族の介護のために休暇をとることを認めた介護休業制度が盛り込まれています。

Q **「育児休業給付制度」というのは、どういう制度なんでしょうか？**

A 育児休業を従業員にとらせた企業に対してその従業員の休業前の給料の二五％相当額を国が給付するという制度です。つまり、育児休業制度を促進するために休業中の従業員の人件費を補助する制度なのです。

Q **育児休業制度では、男親と女親の区別なくいずれにも休業を認めていることも注目される点ではないでしょうか？**

A 九六年度の調査では男性がこの制度を利用した率は、わずか〇・一六％。男女平等の法律の理念に現実が追いついていないようです。

Q 高齢化社会に対応した「ゴールドプラン」に対して、少子化社会に対する対応策をまとめた「エンゼルプラン」(九四年四月発表)の内容を説明してください。

A 厚生大臣の私的懇談会であった「高齢社会福祉ビジョン懇談会」がまとめた「二一世紀福祉ビジョン」のなかで示された子育て支援プランです。九九年までに「安心して子供を生んで育てられる環境づくり」を目指して、行わなければならない政策目標が述べられています。たとえば、三歳未満の乳幼児の保育所受け入れ枠の拡大、働く母親が立ち寄りやすい「駅前保育園」への資金援助、保育園の保育時間の延長などを求めています。

Q 育児ノイローゼに悩む母親や子供を虐待する父親、母親が増えているといわれますが、若い親たちの子育てを支える対策というのはないのでしょうか。

A 自治体のなかには「子育て支援」をはじめているところもありますが、日常的な育児の場面で具体的なアドバイスや手助けをする制度は全国的にはいまだありません。しかし、子育て真っ最中の親たちが集まって支え合う「子育て自主サークル」といったものは、自然発生的に増えています。こうしたサークルをつないで情報交換したり、専門家の支援を求めたりする「子育てネットワーク」が今、広がりつつあります。

●テレビの視聴率とは●

一般に視聴率は、日本では一パーセントの視聴率が一〇〇万人以上もの人間がその番組を観ていたということになるのです。とくに、午後七時から九時のゴールデンタイム、午後七時から一〇時台のプライムタイム、全体の視聴率の三つに分けて、各局はそれぞれの時間帯の視聴率を上げることに奔走しているというのが現実のようです。

視聴率の調査は、二つの大きなリサーチ会社（ビデオリサーチ、ニールセン）が行っており、その方法が若干異なるため違った数字が出ることがありますが、ゴールデンタイムで二〇パーセント、プライムタイムで一五パーセントという数字が人気番組のひとつの目安とされています。

●ハッピー・マンデー制度●

政府が余暇やレジャーの時間をもっと増やそうという意図で、二〇〇〇年より実施されている制度です。成人の日を一月の第二月曜に、体育の日を、一〇月の第二月曜日に、ということになりました。

ほかには、敬老の日も九月の第三月曜日という案もあったのですが、敬老の日は行事が九月一五日で定着しているということもあって、今回は見送りとなりました。

いずれにしても、このハッピーマンデー制度の背景には、三連休を多くしてゆとりある国民生活を、という狙いがあるようです。また、一方ではそうした連休によって、旅行やレジャーに行きやすくして、消費の拡大を意図しているということもあるようです。

就職試験突破シリーズ

これだけわかれば社会人！
就職時事用語 Q&A

平成12年 3 月 1 日印刷
平成12年 3 月10日発行

編　著　就職試験研究会
発行者　長坂一雄
発行所　竹内書店新社
住所　東京都千代田区富士見2—6—9
雄山閣事業出版内（〒102-0071）
電話　03-3262-4953
FAX　03-3262-6938
振替　00120-0-253335（竹内書店新社）
印刷・製本　藤本綜合印刷株式会社

定価はカバーに表示してあります。
乱丁・落丁本は本社にてお取り替えいたします。

ISBN 4-8035-0090-8 C0030